「実戦」で身につけた

本物の教養

学者やエリートには書けない
「真の学び」とは？

桜井章一

Experience beats Knowledge

Shoichi Sakurai

Crossmedia Publishing

はじめに

雀鬼会を立ち上げて約30年になる。世間で言う、いわゆる麻雀の裏プロという仕事から足を洗って、しばらく他の人の麻雀を見ていたけれど、ずいぶん乱れた打ち方をしているな、と思ったのが雀鬼会創設のきっかけだった。まっとうな麻雀を皆に打ってほしいと思ったのだ。

かく言う私自身も、裏プロとして数々の修羅場をくぐり抜けながら、決して褒められた麻雀を打っていたわけではない。裏には汚い金が動く。勝ちにこだわり、徹底的に相手をやっつけた。

でも次こそは、きれいな麻雀を打ちたい。勝ちだけにこだわらない、真に強い麻雀を打ちたいと思った。この時が、私自身の変わり目でもあった。

それから30年、東京の片隅で「牌の音」という雀荘を経営しながら、多くの若い子たちと接してきた。

彼ら若い子たちの面々を振り返ると、大きく変わったことがある。最初は世間から外れた、いわゆるやんちゃな奴らが多かった。

私も若い頃はやんちゃだったけれど、そういう奴らは根が純粋なのが多い。しかもエネルギーがあり余っているから、ちょっと世間と歯車がかみ合わなくなると、大きくドロップアウトしてしまう。

そういう子たちには、そういう子たちが輝ける場があればいい。もともと素直でエネルギーがあるから、ぱっと教えるとたちまち麻雀が上達する。そして、自信がついたら余裕ができる。

いったんそうなってしまうと、むしろそういう子の方が世間一般のレールを歩いてきた子たちより強い。社会に出た時に、はるかに優秀な人間になる。

ところが20年くらい前からだろうか？　その傾向が大きく変わってきた。

やんちゃ坊主ではなくて心を病んでいる子、生物としてちょっと弱いなという子が増えてきた。彼らは、やんちゃ坊主たちと違って高学歴だ。しかし、決定的な弱さや脆さを抱えている。

勉強、勉強でテストや入試で成績を上げることはできても、肝心の人間として、その前に動物としての生命力、エネルギーが不足している。知識はたくさん抱えているけれど、感性や感覚という本能的な力が弱くなってしまっているんだ。

そう思って世間を見渡すと、うちにくる子たちばかりじゃない、社会全体が病気じゃないかと思った。職場も家庭も、本来はお互いが協力し合い、補い合うことで強くなるべきもの。ところが、その中で競ったり争ったりしている。

今、最も殺人などの凶悪事件が起きるのはどこか知っているかい？　家庭だそうだ。かつては一番安全だった場所が、今は一番危険な場所になっている。

まっとうな心を持っている人間ほどスポイルされる時代。まっとうな精神を持っている奴ほど心を病んでしまう時代……。

いずれにしても、雀鬼会を訪ねてくるのは、真っすぐで素直な子が多いことには変わりはない。私は彼らが麻雀を通じて成長するところを見るのが、最大の喜びだ。それが私のエネルギーになる。私は子供たちから多くをもらい、また多くを学んでいる。

30年続けてきたら、気がついたら随分いい年になってしまった。ふつうの勤め人ならとっくの昔に定年退職、リタイアしているんだろうね。

ところが私は、相変わらず毎日のように牌の音に出かけ、若い子たちと麻雀を打ち、深夜すぎからはなぜか格闘技の教室になる。私が技をかけると、私よりはるかに若くて元気な奴が木の葉のように舞って、吹っ飛んでしまう。

そこには理屈で説明できない力がある。ほら、昔、合気道の達人のおじいちゃんが、若い連中を次々に投げたり、飛ばしたりしていたでしょう？　私は武道、武術、一切習ったことがないけれど自然にできてしまう。そんな理屈では説明できないものを、雀鬼会の道場生に感じてほしくて続けている。

朝の3時、4時までその格闘技教室は続く。道場には笑いが絶えない。明るくて素敵な、私の仲間たち。この世がどんなに汚く、唾棄すべきものに堕ちたとしても、私にはこの場と空間があればいい。幸せなことである。他に何を望む必要があるだろう?

そんなところに、突然連絡が来て、「教養」について書いてほしいと依頼が来た。もう勘弁してくれよ。おかげさまで随分、本を書かせてもらってきたし、もう今さら書くこともないだろう。

しかもテーマが「教養」だって⁉

いよいよ世も末だね。俺みたいなただの雀荘のオヤジに、教養もへったくれもないだろう。そもそも教養なんてものからは遠い世界で生きてきたんだ。

「だからこそお願いしたい」と編集者は言う。編集者とは昔ちょっと連載していた雑誌の絡みもある。

わかったよ。ただし好きなように書かせてもらうよ。そう宣言した。

昔から取材で相手の期待通りの答えなんて返したことがない。この本も、世間一般の教養論とはかけ離れたものになっているだろう。

読者の皆さんの期待を裏切ってしまうかもしれないけれど、私なりの教養とは何か?「雀鬼流・教養の真髄」をお話ししようと思う。

令和2年3月　牌の音　桜井章一

「実戦」で身につけた本物の教養

目次

contents

2 はじめに

第1章 本物の教養 偽物の教養

16 教育とは洗脳システムのこと
19 自分だけが助かるための教養
21 不自由になることに気づいていない
23 カッコに括られる人生はご免だ
26 負けたら殺されるかもしれない
29 何のために俺は戦っているのか?
32 麻雀が汚いんじゃない。人間が汚いんだ
35 頭で考えない。感覚で見極める
37 人間はあらゆるものを汚く変えてしまう
42 半径5メートルの人を大事にできるか
45 本物の教養、偽物の教養の違い
49 ●1章で伝えたこと

第2章 学ぶことをやめると「真実」が見えてくる

学歴が高い人ほど気が利かない 52
知識のせいで動きが遅い 55
力んで掴むから素早く離せない 58
必要以上の知性は副作用をもたらす 62
一枚の葉から学べること 64
目の前のことしか見ていない 67
健康のことばかり気にしている 69
オタクや学者……専門バカが陥るワナ 72
自分の体の動かし方もわからない 75
教養を餌に商品を買わされる 78
得したい、損したくない……必死な人たち 82
学問をすべて捨てた真の教養人 85
●2章で伝えたこと 89

第3章
疑う力　感じる力
循環させる力

教育で人は救われるか？　92
自分自身のことも疑っている　94
歴史ほどウソの多いものはない　96
成功者の映画は撮りたくない　99
大会社の社長を吹っ飛ばした　101
あなたならお金はいらない　103
8割は逃がして2割を得る　106
悪い人間ほど表に出ようとする　109
権力者とは社会に寄生する者のこと　111
きれいに取り繕う人ほど中身は汚い　113
教養よりも感覚を磨くべき　116
スポーツ科学では説明できない現象　118
太陽は何色？　直視してみると……　121
勝敗よりも場の流れを作ることが大事　125
あらゆるものが循環し、支え合っている　127
●3章で伝えたこと　130

第4章 教養を実践する

実践的教養1 センスを大事にする 132
実践的教養2 違和感を大事にする 135
実践的教養3 よく観察する 137
実践的教養4 遊びの中で自然に身につける 139
実践的教養5 童心＝遊び心を大切にする 142
実践的教養6 リスクを取りにいく 145
実践的教養7 不利な状況を楽しむ 148
実践的教養8 数を信用しない 152
実践的教養9 固定観念を捨てる 155
実践的教養10 思想や宗教にとらわれない 158
実践的教養11 柔軟性を持つ 161
実践的教養12 自分を否定する 165
実践的教養13 悪いことをしたらその3倍いいことをする 168
●4章で伝えたこと 171

第5章 これからの時代の新しい教養

目の前の人を助けない社会 174
「信用」と「信頼」は似て非なるもの 177
横波に襲われ、死を覚悟した 179
道場生を死なせてはいけない 182
お互いに尊敬し合える関係 185
サメだって話せばわかるはず 186
人間が失った力を取り戻す 190
原始時代の意識に立ち返る 193
沖縄で出会った素晴らしい詩 195
教えているつもりがむしろ教わっている 198
肝心な時に体を張れない親や教育者 201
集中力とは意識を広げること 203
麻雀では小指の動きが大事になる 205
大会で優勝するより大切なこと 208
必要なものはすでに与えられている 210
「心の温かさ」こそが真の教養 214
●5章で伝えたこと 216
おわりに 218

第1章

Chapter 01

本物の教養 偽物の教養

教育とは洗脳システムのこと

世の中、教養ブームだそうだ。これからは教養を身につけなければやっていけないという。日本のエリートには本当の教養はなくて、外国のエリートたちは芸術や文化、歴史をしっかり学んでいる、と言う人もいる。

でも、教養って何だろう？　改めて考えるとよくわからない。私には最近言われている「教養」という言葉が、どうも空々しく聞こえる。何か腑に落ちない、違和感のある言葉の一つだ。

そもそも教養の「教」という言葉があまり好きになれない。教えるとは、誰が誰に対して「教える」のか？　あるいは誰が誰に「教わる」のか？

「教育」という言葉があるけれど、今の日本の学校教育なんてロクなものじゃない。結局、国家や社会にとって、学校にとって、親にとって都合のいい人間を作り出すための「矯正装置」「洗脳システム」じゃないだろうか？　少なくとも私にはそう見えてしまう。

私が学生時代、この人こそ立派な教師だと言える人は、たった一人しかいなかった。その先生以外はすべて「自分の言うことを聞け」という、高圧的で生徒を型にはめようとする人間ばかり。だから教師という存在、教育というもの、ひいては「教」という言葉に、私はもともと不信感と拒絶感がある。

では「養」のほうはどうか？「養う」という言葉は、「教」に比べたら違和感がない。誰が誰を養うかにもよるけれど、必要としているものに力を貸す、与えるということ。「養う」と言うと何か重いけれど、ちょっと手を貸す、手伝うくらいの感じと考えると、これは「教」に比べればずっとましな言葉ではないだろうか。

いずれにしても、昨今言われる「教養」という言葉が、私には何か押しつけがましく、胡散臭いものに感じるのはどうしようもない。

とくに最近書店で見かける「これからは教養がないと生き残れない」といったタイトルの本に対して、私は手に取ろうとする気すら起こらない。そこに何とも言えない「あざとさ」だとか、「汚さ」を感じてしまうから。

おそらく「教養」に対して、そんなことを言う人間はほとんどいないでしょう。教養は身につけるべきもの、必要なものだと誰もが思い込んでいるのだから。

では、今この本を読んでいるあなたに聞きたい。なぜ「教養」を身につけようと思うのか？

自分自身を高めたいから？　知識を深めたいから？

ではなぜ「自分を高めたい」と思うのだろう？　どうして「知識を深めたい」と思うのだろう？

それは自分の価値を高めて、社会の中で少しでも有利な立場を確保したい、それによって将来お金を稼げる人間になりたいと考えているから、というのが本当のところではないだろうか。

求めているのは真の教養なんかじゃなくて、「得」であり「利益」だったりする。人より上に行きたいという欲望や願望、上に行かなきゃダメだという強迫観念、そういうものが今の教養ブームの後ろに、ちゃっかり隠れているのだと思う。

自分だけが助かるための教養

そう言えば少し前に「勝ち組」「負け組」という言葉がやたら流行った。

これも大嫌いな言葉だけれど、社会が二極化して「勝ち組」と「負け組」に分かれる。いい仕事に就いて高収入を稼ぐ層。それに対して非正規雇用など、不安定な労働環境で低収入に甘んじる層。その二つに分かれるという。

そして誰もが「勝ち組」になりたい、「負け組」になりたくないと考えるのだろう。頑張って勉強しなければならない。頑張って成果を上げなければならない。

そうやって日本中の学生から会社員まで、全員がまるで競走馬のように一つのゴールを目指して走ることになる。

私はハナからそんなバカげたレースに参加しない。そんなレースで勝ったからと言って、そいつは真の勝者なのか？　自分の人生が納得できるものになり、幸福を感じることができるだろうか？　少なくとも私はそれによって得るものなどほとんどないと思っている。

結局、世の中の大きな組織や仕組みを牛耳っているような、「一握りの人」が自分たちの都合のいいように作った茶番レースじゃないか。

「勝ち組」になりたいという欲望、「負け組」になりたくないという不安——。それを掻き立てることで自分たちの作り上げた社会に依存させ、離れられなくさせる。そんな魂胆が見え透いている。

教養ブームもまた、そんな流れの中で出てきたものだと思う。教養を持つことで勝ち組になるための武装をする。「教養」は人を押しのけたり、倒したりする武器だ。自分が助かるための道具だ。だから私には薄汚いものに見えてしまう。

本来の「教養」というのは、もう少し違っていたはずだ。何かを知り、体得したものを人と分け合い、人を助けるために使うものだった。

昨今の「教養」は純粋ではない。それによって自分を飾り、大きく見せ、人に勝つための武器＝手段になっている。だから不純なものに堕ちている。

不自由になることに気づいていない

勉強すること、努力すること、頑張ること。今の時代、いずれもよしとされている言葉でしょう。ところが私はこれらの言葉が好きになれない。

親が子供に「勉強しなさい」と言う。そこにはいい大学に入って、いい会社に就職して、いい給料を稼ぐようになってほしいという思いがある。その思いとはすなわち勝ち残れる人間になってほしいということだ。もっと言えば、人を押しのける力を持ってほしいということ。

上司が部下に「努力が足りない。もっと頑張れ」と叱咤する。そこには売り上げを上げて、もっと利益を上げろという魂胆がある。それによって自分の成績や評価も上がる、という打算がある。

利益を上げるということは、多くの人からお金を集めるということでしょう。集めると言うと聞こえはいいけれど、資本主義社会においては、安い原価のモノをできるだけ高く、たくさん売るということ。つまり収奪や搾取を行うということだ。

勉強すること、努力すること、頑張ることのいずれもが、結局は自分がいい立場に立ちたい、有利な立場に立ちたいということに他ならない。それによって利益を上げたい、得をしたいということだ。

数学の計算式でカッコ＝（　）が出てくるよね。カッコの中の数字を先に計算しろと言われたでしょう。5×3＋1は掛け算の5×3から先にやって、その後で1をプラスする。ところが、5×（3＋1）の場合は3＋1を先にやって、その後で5を掛ける。

私に言わせれば、今の世の中、誰もが我先にカッコの中に入ろうとしているのだと思う。カッコに入ることで、まっ先に計算される。つまり、自分が優先され有利な立場に入れるということ。

いい学校に入るのも、いい会社に就職するのもカッコに入るということと同じ。カッコに入れば先に計算される人間になれる。つまり得な立場になるということだ。

ところが私に言わせたら、カッコの中は「得」と「管理」が待っている。管理されて自由を奪われてしまう。だってカッコに括《くく》られているのだもの。

大企業に入っても、役所に入っても、銀行に入っても、そこはさらなる厳しい競争社会だ。大きな組織で守られるから安心、安泰だと思ったら大間違い。より自分を縛るものが多くなるというのが現実でしょう。

カッコに括られる人生はご免だ

カッコに入るために必死で勉強し、努力する人たちが滑稽に見えて仕方がない。確かに、人より少し有利な立場になれるかもしれない。でも、誰かさんが作ったカッコに入り込んで、その実、大事な自由を奪われているんだ。

私は幸いなことに、カッコの中に入ることができなかった。というより自ら入らなかったというのが本当のところだ。若い頃、私はそれなりに勉強をしましたよ。それで大学を出たのだけれど、勉強なんてもう自分にとってそんなに必要なものじゃないと思った。それより実体験、実社会の中で学ぶ方がずっと面白いし、勉強になった。大学で麻雀を覚えてたちまち上手くなったけれど、いきなりその道に進んだわけじゃない。麻雀を続けながらも、大学を卒業してある会社に入った。そこで、それこそいろんな人と出会った。中には有名な政治家もいれば、怖い関係の人もいた。私は肩書や立場で物怖じしたりしないタイプだった。思ったことや感じたことを率直に話す。

自分で言うのもなんだけれど、若い頃から物事を本質的に把握することが得意だった。だから問題解決の方法もスパッと提示できた。勉強していたからじゃない。自分なりの視点と観察眼、それを若い頃からある程度持っていたんだと思う。

すると企業の人、政治家、それからそういう関係の人たちから、桜井章一って若造はなかなか面白いヤツだと見込まれちゃう。「うちで働かないか?」と、そこかしこから誘いがあった。

でもそれは、すなわちカッコの中に入るということでしょう。いずれの組織も、私は嫌だった。それは彼らの汚さが嫌というほどわかっていたから。どんな組織であれ、大きな組織になるほど汚れている。

政治家も大企業も、本質は変わらない。結局、彼らはいずれも弱い人間たちにたかり、食い物にして生きているだけ。偉そうにしているけれど、どいつもこいつも寄生虫と変わりはしない。

とてもここでは言えないような裏事情を知っている。それはビジネスをしていた時から、雀士として麻雀で生活していた時までの間、私の周りにいた人間たちから嫌でも知らされたこと。

そんなものは墓場まで持って行くとして、だからこそ彼らの誘い――カッコに括られることだけはご免だった。それをずっと避けて生きてきたんだ。

負けたら殺されるかもしれない

私が麻雀の裏プロとして、20年間無敗だったということを信じようと、信じまいと構わない。いずれにしても読者の皆さんは、私が勝負の世界に生きていたことを知っているでしょう。

だから勝ち負けにこだわるなとか、競争に乗っかるなとか言う私の言葉が、それこそ信じられないかもしれない。

桜井章一という人間ほど、勝ちにこだわった人間はいないじゃないかと。そうでなければ生き馬の目を抜くような裏プロの世界で勝つどころか、生き延びることさえ困難じゃないかと。

確かにその通りです。裏プロとして生きていた頃は、勝つことが使命だった。負けてしまえば仕事もなくなる。

一応、その世界に疎い人も読んでいると思うので説明すると、昭和50年代くらいまで、麻雀の裏プロという人たちがたくさんいた。その仕事の多くは「代打ち」だ。

「代打ち」というのは人に代わって麻雀の卓に向かうこと。闇で行われるそのような麻雀では、様々な利権や莫大なお金、財産をかけて行われた。政治家だったり土地持ちの資産家や経営者もいれば、逆に官僚のような超エリートもいたりする。

いずれにしてもお金や財産のある人間たちが、半分ゲーム感覚で全国の腕の立つ裏プロを擁して戦いに臨む。そしてその戦いぶりと戦況を卓の傍らからかたずをのんで見守っている。あるいは酒を飲みながら、悠々観戦している奴もいたよ。


私は大きな仕事があると、数日前から食事をしない。というよりも食欲がなくなる。そして意識を極限まで勝負のモードに高めていく。

食事を抜き、体から様々な夾雑物《きょうざつぶつ》を除くと、感覚が鋭く研ぎ澄まされるのだ。少なくとも私はそうだった。

抱えているものはとにかく大きい。その人の全財産だったりすることもある。そのプレッシャーはとてつもない。

その上で厳しい勝負を繰り広げなければならない。ヤワな神経では持たないことは、相手も同じ。そして選ばれし裏プロだけあって、それなりに腕も立つ。

負けても勝っても自分自身、どうなるかわからない。自分を指名した相手や卓を囲む相手によっては自分の命すら危ないのだ。

ある時チンピラ相手に麻雀を打っていたら、私が上がり続けるものだから、向こうが次第にイライラしてきた。やたらと凄んで見せ、大声を上げるけれど、こっちは気にしない。

負けが込んできた相手は、最後に実力行使に出てきた。

「若いの、いい度胸してるじゃないか。表に出ろ」と取り巻きが言うのだ。「わかりました」と言って表に出たとたん数人に囲まれた。刃物を持っている奴がいる。ふつうならそこでビビッて引き下がるだろう。

私は相手を叩きのめしたけれど、大事な手をやられてしまった。噴き出す血を手拭いでぐるぐる巻きにして卓に戻り、「さあ、続けましょうか」と洗牌したら、卓上も牌も瞬く間に血で染まってしまった。さすがにそいつもビビッて「もうやめだ」と言って卓を立っていった。

何のために俺は戦っているのか？

そんな極限状態で勝負するのだから、若い時には鬼のような形相で麻雀を打っていたと思う。そんな私の姿を見て、いつとも誰とも知れず、「雀鬼」という仇名が付けられた。

確かに、私は勝つために「鬼」になっていたと思う。勝負の世界では心が揺れた方が負ける。私は相手の心が揺れる瞬間を見逃さない。その瞬間を突いてやる。すると相手は意識して、いろいろ考える。そうなるともう思うツボだ。こっちが何をしなくても相手が勝手に自滅していく。

裏の世界では、誰もが一流のイカサマ師でもある。自分がツモる牌に必要なものが来るように仕込むことを「積み込み」というけれど、そんなものは朝飯前だ。ただし、裏プロ同士、最初から積み込みなどのイカサマはしないのが普通だ。

ところが戦況が不利になってきたり、流れによっては相手が積み込みなど、イカサマをすることがある。それを「イカサマしやがって」と指摘するのは、裏プロの間では「野暮」とされていた。イカサマには何も言わず、淡々とイカサマで対抗するのだ。

私と対局して不利になり、心が揺れ始めた相手はイカサマを始める。それを合図に私もイカサマで対抗する。イカサマでも太刀打ちできないとなると、もう相手は打つ手がなくなる。そして大崩れしていく。

勝負の綾とか女神というのは一度そっぽを向かれたら、なかなか振り向いてくれないものだ。「こんなはずじゃない」「俺がこんなに負けるはずがない」……。相手はプライドを引き裂かれ、しかもどんどん負債が大きくなっていく。最後はもうすべてを失って放心状態になり、子供のようにその場に泣き崩れてしまう奴もいた。

そうやって勝ち続けていたある日、次第に自分の中で何かが変化を起こし始めた。

「何のために俺は戦っているのか？　何のために勝ち続けるのか？　勝ち続けることで何が得られるのか？」

裏プロ同士の麻雀なんて、しょせん裏で汚い金が流れている。勝ったからと言って私は高額の報酬を受け取らず、そのまま帰ることも多かった。汚い金で自分が汚されるのはたまらない。

勝負を終えた朝の新宿の屋台で、ポケットに残った小銭で1杯数百円のラーメンを啜って帰る。それで満足したものだ。

だけどそんなラーメンすら、だんだん美味く感じなくなってきた。ただただ虚しい。勝ったからと言って何になるのか？　私に負けた相手にだって家族がいるはずだ。すべてを失って、彼らはどうやって生きていくのか？

麻雀が汚いんじゃない。人間が汚いんだ

自分が勝つことで、確実に落ちていく奴がいる。私が勝つことは、相手を地獄に落とすことじゃないか。自分の勝ちが他人の不幸の上に成り立っているとしたら、なんて汚く、恥ずかしいことだろう。

相手に勝つために相手の心を揺さぶり、隙に付け込んで相手を崩す。駆け引きと言えばかっこよく聞こえるかもしれないが、やっていることは卑しく下品なことだ。そして徹底的に相手をやっつけてしまう非情さ。

大学生の時、初めて麻雀牌を見た時のあの感激。ソウズ、マンズ、ピンズが並んだ時の牌の姿。「なんて美しいんだろう」と思わず心の中で叫び、そして夢中になって麻雀を始めた若い頃。

その美しいはずの麻雀を、気がつけば私自身が汚しているじゃないか?

麻雀が汚いんじゃない。人間が汚いのだ。麻雀をする人間が麻雀を汚いものに落として

いるのだ。

そう思った時、私は心の底から悲しくなった。そして情けなかった。大好きだった麻雀を一番汚していたのが、何を隠そう、この自分だったことに気がついたからだ。


裏プロから足を洗ってしばらくは、麻雀牌に触ると指が痛み、目が見えなくなった。「お前はもう足を洗ったんだから、麻雀を打つな」と、牌から言われている気分だった。それが1年ぐらい続いた。


このままではダメだと考え、これまでとは違う気持ちで麻雀を打ってみようと思った。これまでのような汚い麻雀ではなく、きれいな麻雀を打ちたい――。

それが汚い麻雀を打ってしまった自分の贖罪であり、それまで麻雀に学ばせてもらったことに対する恩返しでもあると考えた。

実は世知辛い裏プロの世界でギリギリの麻雀を打っている時でも、ふっと不思議な境地になることがあった。それは相手もまた、ひとかどの打ち手でなければならない。勝負などという目先のことに関わるのではなく、その場全体が純粋に麻雀と一体化している時だ。麻雀には明らかに流れがある。そのことはちょっと麻雀をやった人なら誰でも知っていることだろう。

その流れと自分、そして場全体が一体化する。そしてその流れを壊さず、それを楽しんで打つ。阿吽《あうん》の呼吸、暗黙の了解。

お互いがそうやって麻雀を打っている時が、一番私の幸福な瞬間だった。相手に勝とうとする麻雀ではない。麻雀という美しい牌が織り成す不思議な綾を、ただ乱すことなくその流れに乗る。

すると次から次に摩訶不思議な流れが訪れる。その流れを知り、それを体感する。そしてただ楽しむ。そんな瞬間が、地獄のような勝負の合間に、ふっと奇跡のように立ち現れることがある。

もし4人ともがその流れと綾を意識し、乱れることなく牌をツモり、切っていったら？ 相手に勝とうと躍起になるだけの汚い麻雀は消え、あの牌の美しい姿そのものの美しい世界が現出するはずだ。

頭で考えない。感覚で見極める

それを実現するために私は「雀鬼会」を作った。

若い人たちを集めて、美しい麻雀を打つことを目指す。それが若き日、麻雀を汚くしてしまった自分の罪滅ぼしになるだろう。そしてそんな麻雀を若い人と打てることが、私の無上の喜びにもなるだろう。

雀鬼会のルールは、いわゆるふつうの麻雀をやっている人たちが見ると不思議に感じるかもしれない。まず、牌をツモって自分の手配の中から不要な牌を切るまでを2秒以内で行う。

頭で考えるのではない。感覚で、要と不要を一瞬にして見極める。感覚や感性を研ぎ澄ませると同時に、流れを止めないという重要な意味も持っている。

麻雀は流れのゲームであり、リズムが大事。だからよく、長考で「ああでもない、こうでもない」と悩んでいる奴がいるね。

そういうのは流れを止めるから、その場にもよくないし、その人自身にも流れやツキは入ってこない。

あとはテンパったら基本的にリーチを掛ける。ダマで張って相手の捨て牌に当たろうなんて考え方はしない。堂々とリーチを宣言した上で、自力でツモり上がりを目指すのだ。ましてスジで引っかけを作るなんて、姑息で汚いやり方はあり得ない。

そして相手がリーチを掛けたからと言って、逃げたり降りたりしない。あくまでも自分の上がりを目指しながら、場を荒らさない範囲で勝負する。それで振り込んでしまったらそれは仕方ない。

むしろ「よい振り込みをしなさい」と教えている。流れの中では自分ばかりが上がってばかりはいられない。相手に振り込むことで自分も含めて全体の流れができる。それを雀鬼会では「よい振り込み」と呼んでいる。

「よい振り込み」を心がけてごらん。必ずそのうちに自分に「よい上がり」がやってくる。

逆に「悪い上がり」もある。先ほどのようにスジで引っかけたり、ダマで張って当たったりした場合だ。

汚い上がり方を続けると、不思議に流れが遠ざかっていく。当面の目先の点棒は稼げるけど、長い勝負ではそういう奴は必ず負けの方に沈んでいく。

人間はあらゆるものを汚く変えてしまう

すっかり話が逸れてしまった。

でも、なぜあえて私が自分の麻雀との関りを話したか？　そこに勝負に対する自分の思い、勝ち負けに対する自分の考えがあるからだ。

そして、「教養」を身につけるということが、実は今の時代、「勝つこと」にこだわり、「勝ちたい」という意識につながっていると思ったから話したんだ。

皆がいいものだと言っている「教養」って、実は汚いものになっているんじゃないの？　勝ちたい、得をしたいという人間の欲望、煩悩と言ってもいいけれど、そんなものにまみれて、汚れちまっているんじゃないかということ。

それは本来美しくて綺麗で大好きだった麻雀を、私自身が汚してしまったように、本来はいい意味だった「教養」ですら、私たち自身が汚いものに変質させてしまっている。人間というのは決してきれいな存在じゃないよね。誰もが自分の胸に手を当てて振り返ればわかること。仏教ではそれを「煩悩」と表現し、キリスト教はそれを「原罪」と表現したのかもしれない。

環境を壊し、そして決定的に汚してしまうのも人間だけだ。新型ウイルスを人間は恐れ憎むけれど、自分たちが自然や地球環境に対するウイルスになっていることには気がつかない。

ウイルスで亡くなった人には申し訳ないけれど、あれは神様が人間の思い上がりと狼藉を懲らしめるために、地上に送った使者だと考えることだってできるかもしれない。

古代の文明は大河のほとりに興った。

チグリス・ユーフラテス文明しかり、黄河文明しかり、インダスやエジプト文明しかり。その水を利用して文明を興したけれど、きれいな水を人間の廃棄物、すなわち我欲の産物で汚してしまった。

悲しいけれど人間が関わることで、たいていのものは汚くなってしまうんだ。私たち人間はそんな存在だということを忘れてはいけないと思う。

最初の岩から沁みだした水、草や木の葉っぱからこぼれた水は、それは混じりけのないきれいなものでしょう。

ところがそれが集まり、流れになり、川の下流に行くほど汚れをため込んでしまう。そして文明を興したと威張っている人間たちの世界を過ぎると、もう決定的に汚れたものに成り代わっている。

「水に流す」という言葉があるよね。汚いものは水に流してしまえば自分たちの周りからなくなる。実に無責任で都合のいい考え方でしょう。

てめえらの排泄物を水で流して見えなくするために、大河のほとりに町を作ったのさ。何が四大文明だって言いたくなる。

かつては水俣病やイタイイタイ病なんて公害問題が言われたし、今は放射能や二酸化炭素などで大気や土壌を嫌というほど汚しているでしょう。

私たち人間は自然の恵みに生かされながら、それを汚すという暴挙を昔から今まで、連綿と形を変えて平気で行っているんだ。

何が言いたいか？　知らず知らずのうちに、私たち人間はいいものでさえも汚いものに変えてしまうということ。本来ならいいもの、いい存在、いい関係も、汚いものにしてしまうということ。

それは人間の持っている汚さであり、狡《ずる》さゆえだ。そして人間の罪であり、弱さゆえだったりする。

原罪？　煩悩？　宗教者ではないけれど、おそらくそういうことでしょう。

たとえば恋愛も相手を愛し、それを育むならばいいもの、美しいものだ。ところが欲望だとか依存心のような人間の心が、本来美しいはずのものを一転、汚いものにすり替えてしまう。

相手を愛しているつもりが、いつの間にか執着だとか嫉妬だとか、支配欲や独占欲にまみれてしまう。

親子の間もそう。教育もそう。仕事もそう。

それ自体は悪いものでも何でもない。でも人間の欲が、いずれをも汚いものに変質させてしまう。

それだけ人間は惨めで罪深く、残念な生き物なのだと思う。

半径5メートルの人を大事にできるか

その残念な流れの中で、「教養」という言葉を考えてみる。すると誰も言わなかった、まったく別の視点が見えてくるんじゃないかな。

何のために教養を身につけるのか？　私ならこう答える。

それは人のためになる人間、役に立つ人間になるためだ。もっと言うならば、人を助け、救うことができる人間になるということ。

少なくとも自分のためではない。自分が得するためではない。

ところが今の教養主義者、教養信奉者のほとんどは、自分が上に行くため、救われるために「教養」を身につけようとしている。そんな汚くてちっぽけな人間が、本当の教養人だと言えるだろうか？

私に言わせれば、そんな奴は偽物だ。

いわゆる「教養俗物」という奴さ。

知識はあるかもしれないよ。いろんなことを知っているかもしれない。でもそれは自分を飾り大きく見せたいだけ。そして教養という武器で他人を押しのけ、自分が上に行きたいだけだ。

だから、どんなに知識や学歴があっても、その本質は俗物だ。卑しい心根の人間だよ。そしてつまらないちっぽけな奴だろう。

ただし、そんな俗物が世の中うようよしている。そしてそういう奴に限って厚かましく、「どうです？　僕って教養人でしょう」って面で跋扈しているよ。

恥かしげもなくね。

本当の教養人というのは、そういう人間じゃないと思う。自分を助けるのではなく、他人を助けることができる人。そのために自分の持っている知識や情報を役立てることができる人のことを言うのだ。

ただし、「人のために」なんて言うと、つい肩に力が入ってしまうでしょう。人類を救うためになんて大げさなヒロイズムに酔う人も出てくる。私が言っているのは、そんな大きな話ではない。

ささやかなこと。せいぜい自分の周り、半径5メートル、10メートルの人間を大事にできるかどうか。

つまり自分の家族、パートナー、仲間……。自分の日常の中で、目に見えて手が届く範囲の人たちに、ちょっとした力を貸すことができるかどうか。助けてあげることができるかどうか。

たとえば、あなたの友人が失恋して落ち込んでいる時に、そいつの言うことを親身に聞いて、何か気の利いた言葉をかけてあげられるか？

自分の子供が学校でいじめにあっている。悩み、傷ついている子供を救うことができる言葉を投げかけてあげられるか？

自分の子供が入試で落ちてしまった。落ち込んでいる子供に言葉を投げかけ、元気にしてあげられるか？

身の回りの大切な人たちがピンチの時、果たしてあなたはどんな言葉をかけてやることができるだろうか。

ただ「頑張れ」とか「努力しろ」とか、誰でも言えるようなありきたりの言葉じゃなく、自分の言葉で語ることができるか。それによって少しでも相手を楽にしてやれるかどうか。

そんな気の利いた自分なりの言葉を持ち、説得力を持って示すことができる力。それこそが本当の「教養」なんだと思う。

本物の教養、偽物の教養の違い

あるいは道を歩いていて、前からくる人の足取りがおぼつかない。もしかすると彼は転んじゃうかもしれない。

そんな想像や予想をして、いざという時に備えて準備しておく。

すると案の上、その人はよろめいて転びそうになる。あらかじめ準備ができていたあなたは、体が自然と動いて、その人を支えることができた。

これも私に言わせれば、立派な教養人だ。いざという時のことを予測し、自分がなすべきことをあらかじめ察知できる知性と能力。これも自分ではなく、目の前にいる誰かを救っている。

こんな何気ない日常のちょっとした光景の一つで、けっして派手なパフォーマンスではないから、多くの人に注目され、賞賛されるわけでもない。


アメリカの先住民の人たちは昔から力や財産のある者、知恵のある者が、未熟な者や力のない者、弱い者を助けるのが当たり前だったという。

貧しい人、子供や老人など弱い者たちを助けるために、若い者は鍛錬して力をつけ、知恵や能力を身につけた。

それこそ本当の教養だろうし、あるべき社会の姿だろう。それが自然なこと、当たり前のことだと考えているから、彼らは別にいい気になるわけでも、自慢するわけでもない。

それって本当にカッコいいことだと思わないだろうか？

　相手に勝つことが強さではない。

　相手を支え助けてあげることができるのが真の強さだ。その強さの一つの要素として、知恵があり教養があるのだと考えたらいい。

　残念ながら、そんなカッコいい大人、真に強い人間が私たちの社会の中で一体どれくらいいるだろうか？

　自分が救われることばかり考えている人たち。

　他人を押しのけて有利な立場に立ちたいと考えている奴ら。

　自分を少しでも大きく見せていい気分になる馬鹿者……。

　そんな人間たちが集まってできている現代社会なんてものは、どんなに便利で裕福に見えても貧しい社会だと思う。

　そしてかつての先住民の人たちの社会に比べれば、はるかに下品で下劣、カッコ悪いシロモノだ。

「教養」という言葉が本来の美しい意味を持つためには、目の前の人に手を差し伸べ、力を貸してあげられる能力を呼ぶものでなければならない。真の強さを生み出すものでなければならない。

この本では桜井章一流の「真の教養とは何か」を考えてみたい。

だから今のビジネス社会の中で上に行きたいとか、得をしたいと考えている人は、この本は読むに値しないよ。キミたちが求めている本、役に立つ本はほかにたくさんある。どうかそちらを読んでほしい。

そうじゃない生き方をしたい人、今ここまで読んで、何か心に引っかかった人、目の前の誰かを支えることができる人間になりたい人は、この本を読んでみる価値はあるかもしれない。

少なくとも他の教養本とは違うこと、場合によれば真逆のことが書かれているはずだ。

1章で伝えたこと

- 教養を身につけて少しでも有利に生きたいと思っているかもしれないが、逆に、どんどん不自由になっていることに気づいてほしい
- 自分が勝つことで相手を不幸にする。そんな人生は汚らしくて卑しいものだと、私は身を以て知った。同じ過ちを犯してほしくない
- 周りの人が落ち込んでいる時、ピンチの時、励まし、力を貸してあげられるか。教養人とはそれができる人のことをいう

第2章

Chapter 02

学ぶことをやめると「真実」が見えてくる

学歴が高い人ほど気が利かない

今の世の中は、知識や情報をたくさん身につけた方がいい、という考え方が一般的でしょう。学校の勉強もできるだけ知識を詰め込んだ方が、試験でよい点数が取れる。社会に出てからも英語を勉強し、セミナーに参加して経済とか金融を勉強している人たちがいる。

聞けば、TOEICや英検でいい成績を上げたり、資格を取るとそれが人事の評価につながって、出世や給料にプラスになるんだとか。

いい年をした社会人になってからも、学生のようにお勉強しなくてはならず、試験を受けなければならない時代なんだろう。

その上に、教養を身につけなければならないぞと半ば脅され、歴史の勉強をしたり、文化や芸術を学んだり……。日々の仕事をこなしながら、会社員はずっと学び続けているわけだ。とても私には真似できない。

でも、そうやって勉強して知識や情報をため込むことが、果たして本当にいいことなのか？　どんなにおいしい料理だって、栄養のある食べ物だって、摂りすぎたら体に悪いでしょう。コレステロール値が上がってぶくぶく太ってしまう。その挙句が成人病だ。学問だって、知識や情報だって一緒ではないだろうか。何事も適量、腹八分目という言葉があるでしょう。

雀鬼会には常時20、30人くらいがいて、東京の町田にある雀荘「牌の音」に集まり、麻雀を打つ。学生から社会人まで立場も仕事もバラバラだ。だけど、誰もが雀鬼流の麻雀＝「きれいな麻雀」を目指していることでは同じ。

彼らを見ていると、いろんなことに気がつく。中にはかなり高学歴の人もいるよ。早慶出身者もいれば、開成高校でトップを取っていた奴もいる。開成でトップってことは、もう日本でもトップクラスだよね。

開成トップの彼は、大学で数学を学んだようだけれど、社会に出たらその数学が一切役に立たないってことに呆然としちゃったんだ。

超エリートだった彼にとって、そんなことさえもが挫折になってしまう。だって学校の勉強が実社会でほとんど役に立たないなんて、当たり前じゃないか。

ただ、それがきっかけになって、今までの自分と違う何か、違う価値観を発見したくて雀鬼会に飛び込んできたんだ。

彼もそうだけれど、学歴の高い人ほど気が利かない。気配りができない。むしろ「自分は高卒で……」、と恥ずかしそうに言っている人ほど、他人のことをしっかり見ているし、気配りができる。

たとえば私が、タバコが吸いたいなとカバンの方に目をやった瞬間、それを素早く察知してかばんを持ってきてくれる。

取材に応じて話している時なんか、飲み物を飲んでいるとグラスの周りに水滴がついて、それで卓が濡れちゃったりする。するとそんな状況をチェックして、布巾でグラスの水滴を拭い、濡れた卓を拭いてくれる。

そして、そういう奴らの方がコミュニケーションがうまい。自然な感じで会話ができるし、私が何か話しかけると、それを受けてすぐに的確な返しがくる。

高学歴の人ほど、どういうわけかうまくできない。不自然でぎこちなく、会話が続かないんだ。

知識のせいで動きが遅い

会社や学校生活といったいわゆる一般社会の中では、彼らはエリート扱いを受けているのかもしれない。ところが雀鬼会に入ると、全く逆の立場になってしまう。

雀鬼会の麻雀は、2秒以内でツモ切りすると話したよね。つまり頭で考えて打つ麻雀じゃない。感性と感覚で打つ麻雀だ。高学歴で頭でっかちになっていると、これがまず難しい。頭で、理屈で考えてしまうから、どうしても時間がかかる。

この「遅さ」が、実生活のあらゆるところに出ちゃう。周りの人たちの様子や変化に気づくことも、それに対応してパッとカバンを出したり、何か用意したりすることも。
会話だって同じ。相手の言葉の意味や、その時の相手の表情を瞬時に汲み取り、言葉の裏を読む。そしてそれに反応して的確な返しをする。高学歴の人はそれができない。時間がかかる。

感覚や直感と言うのは、一瞬だ。

雀鬼会は麻雀もそうだけれども、活動全体の中で「感覚」を重んじている。感覚を取り戻すことが人間として、と言うよりも生き物として大事だ。

自然の動物たちを見てごらんよ。彼らは頭で考えて行動しているだろうか？　そんなことをしていたら、いざという時に襲われて食われちまう。

あらゆる現象や状況の変化に、感性と感覚で瞬時に対応することができなければ生き残っていけない。

雀鬼会ではすべてにおいてリズムが大事になる。麻雀にしてもその他の活動にしても、日々の会話にしても。そのリズムに高学歴の人間ほど乗り遅れてしまう。

子供のころから勉強、勉強で机に向かってばかり。知性を重視して、知識ばかりため込んできたツケがまわっちゃったんだ。

可愛そうなことに、だから思考も行動も重いし、鈍い。

彼らは雀鬼会の中で他のメンバーの敏捷な思考や動きにかなわないことを知り、感じたことのないコンプレックスを感じてしまう。そして自分が今までいかに不要なものを抱え、ため込んできたかに気づくんだ。

「お前は勉強しすぎ。知識や情報をため込みすぎて、自分を重くしているんだよ」とアドバイスする。そして「余計な知識なんて捨ててしまいな。自分を軽くしな」と言ってやるんだ。

力んで掴むから素早く離せない

ところが、自分が抱えているものが実はガラクタで、雀鬼会という世界ではまったく役に立たないシロモノだとわかっても、それを捨てることができない。捨てるということはそれだけ難しいことなんだ。

雀鬼流の麻雀では、姿勢や立ち振る舞いを重視している。それでも本当に美しくツモり、きれいに自然に牌を捨てる動作ができる人間は少ない。一般の打ち手に至っては、ほとんどできている人などいないと言っていい。

力を抜いて自然体で卓に向かう。

上家が牌を捨てたことを確認し、静かに手を伸ばして力を入れず優しくツモる。流れるように牌を自分の元まで引き寄せ、目の前で牌を確認し、切るか自分の手元に残すかを一瞬で判断する。そしてやはり自然体のまま、流れるようにスッと自然に捨て牌の「河」にきれいにそろえて捨てる。

何気ない一連の動作だけれど、私の目から見てできている奴は数えるくらいしかいない。たいていは肩や腕などに、余計な力が入っている。

一般の人の中には「エイヤッ」と気合を入れ、力いっぱいツモって、不要な牌を叩きつけるように捨てる人がいる。それをカッコいいと思っている勘違い野郎だね。牌をぞんざいに扱う人は、いずれ牌の方から離れていってしまう。

まして上家がまだ捨てていないのにツモったり、親指で何の牌かを探る「盲牌」なんて論外だ。

さすがに雀鬼流にそんな人間は一人もいない。けれども余計な力が入っている奴、不自然な奴は、私から見たらまだまだたくさんいるんだ。

「力を入れて握ったら、次の動作ができないじゃないか」と教えている。次の動作とは変化に対応することだ。

私から見ると牌が指にくっついているように見える奴がいる。指に力が入りすぎているから、捨てる時もスムーズに切ることができない。卓に叩きつけるように力を入れないと捨てられない。

それはムダな力を使っているということ。「おいおい、そんな風に掴んだら、牌が苦しいだろう」と言ってやる。

力んで掴む奴は、その深層心理の中で「何かを得たい」という気持ちが強い。そして一度掴んだものを「離したくない」という気持ちも強い。だからツモから牌を切って捨てるまで、全体に力が入ってしまう。

中にはこめかみにまで力が入っていたり、歯を食いしばっている奴もいるよ。そしてこれも残念ながら高学歴の人間に多い特徴なんだ。

いずれにしても自分の中の「欲」が、「力み」に形を変えて動作に表れているんだ。まず姿勢を正して力を抜く。力みを取りフォームを正すことで、逆に心の中の欲の部分が消えていく。

すっかり麻雀の話になったけれど、さきほどの知識を捨てられない高学歴の彼の話に重なるでしょう。力んで掴んだものは、なかなか手放すことが難しい。

おそらく彼は親から「勉強しなさい。そしていい大学、いい企業に勤められるようにしなさい」と言われ続けてきたはずだ。

親の期待に応えよう、そして将来自分もいい立場を確保しようという欲望と願望、そして焦りが、力んで勉強することにつながった。

それが今の知識ばかりが肥大化した彼を作り上げてしまった。力んで得たものだけに手放したくても手放せない。

彼自身は自分の学んだことを捨てたいと思っているが、それができないジレンマに陥っている。一種の自家中毒になってしまっているわけだ。

必要以上の知性は副作用をもたらす

知識だとか教養だとか、人はありがたがっているけれど、私から見たらそんなものは適度にあれば十分だ。

食べ物だって薬だって、ある量以上を摂取したら体の毒になる。薬に副作用があるように、勉強もまた、副作用をもたらすことを知っておかなければならない。知識も自分の中にため込みすぎたらもはや毒になってしまう。

毒の一つは、先ほど話したように、知識や情報は理性や理屈、論理の分野だから、瞬間の反応が遅くなってしまうということ。知識や情報ばかりで頭がいっぱいになると、動きが遅くて、いざという時の反応が鈍ってしまう。

そしてもう一つの毒は、空きスペースがなくなってしまうということ。ため込みすぎてもう他に何も入れるスペースがなくなってしまっている。だから新しいものを取り入れることができない。

新しいものを取り入れることができないから、変化することができない。つまり、物事に柔軟に対応することができなくなってしまう。

パソコンでも容量がいっぱいになったら軽くするために何か捨てるでしょう。捨てることでスペースを空けてやらなくてはならない。ところが捨てるに捨てられない。そんな自分を嫌悪してしまう。

麻雀だってツモって切る、捨てるという行為を繰り返す中で「流れ」が生まれるように、知識だってなんだって、不要になったら捨てることで「流れ」が生まれる。その流れがどこかでせき止められたら、よどんで腐臭を発するようになるだろう。

きれいに捨てることができるか？　捨てることの方が大事だし、難しいことだと思う。だからこそ何でも得よう、自分のものにしようというのは不自然なことだし、間違っているのだと思う。

一枚の葉から学べること

親や学校の先生も、それからいわゆる知識人と言われている人たちも、誰もがみんな異口同音に「本を読みなさい」と言う。現代人は本を読まなくなった。大学生でさえ年に数冊しか読まないと嘆いていた評論家がいたっけ。

では本を読むことって、本当に必要で大事なことなのだろうか?

知識人や評論家の中には年間で数百冊、千冊も読む人がいるそうだ。それが仕事になっているというのもあるだろうけれど、そんなに読むと聞くと、私からすれば偏執的で異常な感じに思えてしまう。

彼らからしたら、本を読むことが大事だと力説した方が都合がいいのでしょう。それによって教養人として、読書人として、彼ら自身が祭り上げられ信奉される。彼らの本も売れるだろう。

私自身のことを話せば、本から得た知識、本から得たものと言うのは少ない。それよりも実際に体験したことから学ぶことの方がはるかに多かったし、これからもそうだろう。

本を読めば、疑似体験が得られるからいいと言う。私の場合、疑似体験で学ぶよりも、実体験で学ぶことを優先してきた。少なくとも同じことを学ぶなら、疑似体験からより実体験からの方が、はるかに深く学べるに決まっている。

実体験から学んできたと言うと、「あなたはいろんな人と会い、麻雀を通して様々な修羅場も経験しているから」と言うかもしれない。

確かに私自身、人とは違った人生を歩んできたし、表も裏も、人よりは首を突っ込んできたという実感はある。だけど学べる体験って、そんな特異な体験だけではない。日常の何気ない光景が、実は私にとっては大きな学びの場だったりする。

この前も道を歩いていたら一本の広葉樹に目がとまった。なぜか昔から木や葉っぱを見ることが好きだった。その時も歩きながら木に茂った葉っぱを見ていたら、青々茂っているたくさんの葉の中で、ひらひらと落ちてくる葉がある。

同じ時期に開いた葉なのに、なぜ先に散ってしまう葉があるのだろう？　そんなことを考えながらふと立ち止まって見ていたら、また一枚散っていく葉がある。また一枚、また一枚……。観察しているうちに散っていく葉は、どれも日陰になっている部分に生えているのがわかった。

なるほど、同じように生えているように見える葉でも、場所によって随分環境が違う。そして日陰で光合成ができない葉は、やはり寿命が短い。一本の木の中でもそうやって競争や選択があって、全体として一番太陽の光を効果的にエネルギーに変えるようになっているんだ。

一枚の葉っぱが散っていく光景が、そんなふうに一つの気づきや発見をもたらしてくれる。こんな光景はおそらく誰だって目にしているはずでしょう。

でも、あたりを見回しても、私のように木を眺めている人もいなければ、落ちてくる葉っぱを気に留めている人などいやしない。誰もがスタスタ急ぎ足で通り過ぎるだけだ。

目の前のことしか見ていない

これも先日のちょっとした光景だ。夜、街を歩いていたら、安く焼き肉が食べられるので人気の店から、20代後半くらいの男女が出てきた。

二人とも少しお酒が入っている感じ。何気なく見ていたらその男の方が、スッと女性の腰に手を回そうとした。するとその女性は歩幅を大きくして体を離した。

あぁ、残念だったね。次のデートはもうないね。私は男を気の毒に思ったけれど、きっととデートなのに、安い焼き肉店を選んでしまったのがよくなかったのではないかと思った。

いや、もしかすると彼は、その安い焼き肉店でも割り勘にしたんじゃないだろうか？

そりゃ完全にアウトだろう。でもさっきの彼の風情からすると、そんな推理も当たっていそうだ……。

こんな何でもない光景でも、そこからいろいろ推理ができる。そして今時の若い男女の関係や意識、経済的な状況などについて想像や仮説が広がっていく。

先ほどの落ちていく葉っぱの光景にしても、この街中の夜の光景にしても、なんてことのない風景の一つだ。おそらくその場にいた誰も、そんなことに関心もなければ、気にも留めないだろう。

でもそれが私にしてみれば気づきだったり、学びの場だったりする。別に活字を追いかけなくても、目の前に膨大な教材がある。しかもどれもこれもお金なんてかからない。特異な体験だけが体験じゃない。日常の何気ない現場に、面白い体験の機会がある。

ところが勉強しなくてはとか、本を読まなくてはと思い込んでいる人間には、そんなところに気づく余裕もなくなっているんだと思う。

歩きながらスマホを見ていたり、ヘッドフォンをつけて音楽を聴いたり、英会話の勉強をしている人がいる。時間の使い方は人それぞれだけど、私にしたら、一番の情報源である目の前の光景や体験をないがしろにして、何が勉強だと思ってしまう。

たとえスマホを持たずに歩いていたとしても、知識とか情報ですでに一杯になっている状態では、そんないつもの光景などインプットする場所さえないだろうけれど。

健康のことばかり気にしている

頭でっかちになっている弊害は、いろんなところで起きている。

たとえば最近、健康をやたらと気にする人がいるよね。健康オタクと言う人たちだけど、こういう人たちも一種の頭でっかちだと言えるんじゃないか。

テレビでも本でも、健康になるための食事だとか、健康法がやたらと取り上げられている。それで何がいいとか、何が効くとなると、一斉に飛びつく。そんな様子を見ていると滑稽に思えてくる。それ自体がすでに病気だろうって。

この間、娘夫婦の家に行ったら、エアロバイクみたいなのがあって、ああ、やっぱりやっているんだと。でも、健康を気にしているはずの娘が、一番不健康に見える。

「ちょっと、お前、ここ痛いんじゃないの?」って、体の悪そうな部分を指で押してやる。すると痛がって「なんだか釘で刺されているみたい」と言う。

私はみんなから不思議がられるけれど、相手の姿を見ると、大体どこが悪いかがわかる。

それでそのツボを押してやる。するとたいてい相手は飛び上がるように痛がる。

この本の編集者も取材に来た折、話をしていると肩から腕にかけて力が入っているのがわかった。

それで「ちょっと腕を出してごらん」と言ってツボを押したら、やはり痛がった。腕を触っているうちに、彼が仕事でいろんなものを抱えていて、「やってらんないよ」という気分が波動のようにこちらに伝わってきたんだ。

そんな悪い「気」が腕に滞留しているから、私は腕をさすってその「気」を外に流し出してやった。

彼は「なんだかすごく楽になりました」と言っていたけど、実際、顔色が前よりずいぶんとよくなった。

ちょっと話が脱線したけれど、健康なんていうのは頭で考えてどうこうしようという部類のものじゃないと思っている。

だって見てごらんよ、自然界の動物で健康を気にして生きている奴なんかいやしない。森の中のクマやシカ、水の中の魚たち、空を飛んでいる鳥やトンボにしたって、自然とともに自然に生きている。

健康なんて気にしなくても、自然の中で元気に生きているじゃないか。その姿が本当の健康な姿だと思う。

人間だけでしょう。健康なんて言葉を勝手に作り出して、やたらと気にしているのは。健康なんて概念を作るから、その逆の不健康という概念が生まれる。そもそも自然の生き方から離れてしまったこと自体が、不健康というか、不自然なんだ。

原始時代や縄文時代に生きていた私たちの先祖は、それこそ自然の中で自然とともに暮らす中で、健康などという感覚がなくても、それこそ自然に健康体だったに違いない。

現代社会なんて病気の塊だから、そこにいるだけで不健康になる。それをさらに頭で「健康とは何ぞや」とこねくり回して考える。

体にいい成分は何だ、運動は何だ、健康法は……。その結果、健康を気にしながら、その実はどんどん不健康になっているのが現代人、というのが私の見立てだ。

健康という言葉に乗っかって、健康食品だの、健康器具だの怪しい商品が生まれてくる。人々の不安につけ込んでお金を儲けるのが、彼らの常套手段。健康オタクたちはそんな彼らの商法に乗っかってお金をさらに使う。

いずれにしても人間が頭でっかちになったことの弊害だ。

オタクや学者……専門バカが陥るワナ

先ほど健康オタクの話をしたけれど、オタクというのも知識偏重主義の典型的な産物だろうね。ネットなどが発達して様々な情報が飛び交う時代に、様々な分野でオタクが生まれているようだ。

一つのことを掘り下げると言えば、なんだかカッコよく聞こえるけれど、私から見たら「偏り」にしか見えない。

彼らは知識や情報を集めるマニアだ。知識と言うのは、そもそも偏っているものだと思う。なぜならそれは「言葉」で成り立っているから。

ちなみに知識人とか教養人と呼ばれている人たちは、「言葉」をとても重視する傾向がある。人間である証、他の動物たちとの違いは「言葉」「言語」を持っていることだという。そしてそれによってコミュニケーションができているかだという。確かにその通りでしょう。

だから彼らは「言葉」「言語」が大切だと考えている。そして言葉によって構築される理論、理屈が重要だと考える。よって本を読むことが大事だという結論になる。

でも私は、彼らがありがたがっている「言葉」も「論理」も、それほど素晴らしいものだと考えていない。むしろそれらは不完全で不自由なものだと思っている。しょせん人間が作り出したものじゃないか。

森羅万象を把握し理解するのに、人間の持つ言語ができることなんて、わずかでちっぽけなものでしかない。言葉で表現できることなど限られている。理屈や理論だけでこの世界のすべてを説明できるだろうか？

知性や言語で物事を知ろうとするのではなく、自分の五感を通して体全体で感じとる。その方がはるかに多くのものを、瞬時に、ありのままに把握することができると思う。


その点、オタクの人たちは知識や言語に意識が引っ張られすぎている。知識とか言語は全体をとらえるというより、部分をとらえるのに適している。だから追求するほど、どんどん知識は細分化され、深みにはまっていく。

よく「専門バカ」と言う言葉が使われるでしょう。学問はまさに知性、言語や理論によって構築されているものだ。

その学問の分野で何が起きているかと言うと、専門化と細分化だ。知性とは突き詰めるとそういう袋小路に入り込みやすい性質を持っている。

オタクとか研究者、学者というのは、そんな袋小路に入り込み、その結果、専門分野には詳しいけれど、全体を見ることができない人間になりがちだ。つまり偏った人間になってしまうのだ。

自分の体の動かし方もわからない

前に話した開成トップだった子なんて、言ってみれば勉強オタクだったわけだ。数学のある分野をとことん勉強したのだろうが、それはあまりにも狭い領域だった。だから社会に出て応用が利かない。ほとんど他のことを知らないのだから。

頭を使ってばかりいたせいだろう。彼は自分の体の動かし方もよくわからない。キャッチボールをすると、10メートル先の相手に向かって真っすぐに投げることができない。何度やっても自分の足元にボールを叩きつけてしまう。

他の高学歴の奴らも、おしなべて体の動かし方が下手だね。雀鬼会では昔の遊びもよくやる。するとベーゴマなんて、彼らはほぼ誰もまともにできない。学歴のない奴の方がはるかに上手いし、上達も早い。

本来なら、遊びや体を動かすことでいろんなことを学ぶべき子供の時期に、彼らは部屋にこもって机に向かって勉強していたのでしょう。何事も過ぎたるは及ばざるがごとし。勉強しすぎることの副作用は、想像以上に大きい。

人間は人間である前に動物であることを忘れちゃいけない。動物は知性に頼らず、本能に頼って生きている。だからそれ自体が自然の一つであると同時に、自然の中で自然体で生きている。

餌を取るのも、外敵から逃げるのもすべて自分の体を使う。野生の本能と身体をフルに使って、その生をまっとうしているわけだ。

人間も動物なのだから、知性にばかり頼るのではなく、本能と体を使わなければならない。それらを働かせ、知性とのバランスを取っていかなければダメだと思う。

私に言わせれば、本を読んで教養を身につける前に、体を動かせということ。それもジムで機械を使って体を鍛えるんじゃない。自然の中に飛び込んで、自然と触れ合いながら、遊びの中で自分の体の使い方を覚える。

私自身はこれまで教養を身につけるために本を読んだことなど一切ない。何から学んだかと言えば、自然だ。自然の中で遊びながら、体の使い方やこなし方、自然とのつき合い方や自然の見極め方を学んでいった。

雀鬼会では毎年夏になると伊豆に合宿に行く。みんなで海で泳いで、潜って魚を突いたりしながら、遊ぶんだ。そして夜は自分たちで取った魚や貝なんかを料理して食べる。これがまた最高にうまい。

自然の力には人間は絶対に勝つことはできない。一歩間違えたら、そこには死が隣り合わせ。一見穏やかに見える海の中でも、突然の横波、潮の流れ、岩の凹凸など、危険は山のように潜んでいる。

そのリスクの中で太陽の光を浴びながら、存分に遊ぶことほど、学びとなるものはない。

自然は時々刻々と変わる。一つとして同じ波も、風も、雲もない。本能と感性、感覚をフル回転させ、それら様々な状況に対応していかなければならないからだ。

詳しいことは後の章で触れるけれど、大自然の中で遊ばせてもらっていると、日頃私たちが関わっている世界とは別のものを感じる。そして自然の中で感性と本能を働かせていることで、知性だの教養だの、頭で考える世界がいかに無力でちっぽけなものかを実感できるんだ。

教養を餌に商品を買わされる

今の日本のような高度に発達し、成熟した消費社会の中では、様々なものが商品化され、私たちの目の前に並べられる。そのいずれもが、購買意欲をそそるように作られている。その流れの中で、「教養」もまた商品化されつつあるように感じる。

健康食品や健康器具と一緒だ。書店へ行けば「教養」と名のつく本はたくさんあるようだし、教養を身につけるべく様々な講座、セミナーが開かれている。

本当に純粋な興味があるなら、そういうものに触れるのもいいかもしれない。しかし、教養を身につけることでなにかしら得をしたいという「欲」とか、身につけないと置いていかれるという「不安」から、そういうものを片っ端からかき集めていないだろうか？　だとすれば、それは健康オタクと同じように病気なんだ。


商業主義の世の中、何でも売れればありがたい。欲や不安につけ込んで儲けようという輩が、とくに現代社会ではうようよしている。と言うか、そうやって利益を上げることが、今の経済の当たり前の姿になっている。

そんなあざとい輩たちが作った商品など、しょせんたかが知れているじゃないか。できるだけ粗悪なものを高額で売るほどに儲かるのだから。さらに、彼らは消費者を満足させるどころか、より欲望と不安を掻き立てるように巧みに仕掛ける。

「英語を学ばなければこれからは仕事がなくなる」と騒いだと思えば、今度は「いや、むしろ国語や自国の歴史を学ばなければダメだ」と言う。そのたびに振り回されて、あげく、いろんなものを買わせられる。

最近よく目にするクイズ番組や教養番組もよくない。

東大卒とかの先生が出てきて、重箱の隅をつつくようなくだらない問題を解いて、自分で解説して得意げになっている。

脳科学の誰かれが、人間の行動原理なんかを、論文や学説をひけらかして説明している。しょせんただの受け売りだろう。

しかも四六時中、論文ばかりにらめっこしている人が、人間の本質だの人生だの、まっとうにわかるわけがない。

でもそんな人たちがテレビで取り上げられれば、なんだか彼らの生き方が模範のように思えたり、彼らが知識や教養をひけらかすほど、すごいと思ってしまうのだろうね。

いずれにしても、くだらないものほど大手を振って大通りを歩いているよ。そいつらが私たちの欲や不安を掻き立て、人の心の卑しい部分を刺激する。それに振り回されているうちに、今度はそれに頼らないと不安になるという禁断症状まで出てきてしまう。

先ほど「偏り」と言う言葉を使ったけれど、今の世の中はそうやって多くの人たちを「偏らせる」ことで、経済が回る仕組みになっているんだ。

「教養」という一見見栄えがよく、しっかりした看板を立てているけれど、その実は人の弱みにつけ込んだあざとい儲けのカラクリが潜んでいる。昨今の「教養ブーム」の看板をひっぺがせば、その真の姿はそんなものだ。

看板に踊らされる前に、そのカラクリを見極めなければならない。世の中に乗っかっているうちに自分が「偏り人間」にさせられないようにしなければ。それこそ本当の知恵であり教養だと思うが、どうだろうか？

得したい、損したくない……必死な人たち

得ようとすると卑しくなる。得ようとして得られないと不安になる。卑しく不安になると、心が揺れやすく、偏ってしまう。そうなると人間は弱くなる。

今の世の中、誰もが「得をしたい。損はしたくない」と考えている。スーパーで2割引きの商品を売っていたら、必要のないものまで手あたり次第に買う。飲み物も「20％増量」と書いてあると、普段そんなに飲まない人も、とりあえず多い方が「得」だからとそちらを買う。

なんだか変でしょう？　必要なものを必要なだけ買うのが当たり前。ところが必要のない「お得商品」まで買うというのは、すでに「偏り」が出ている証拠。「得したい病」にかかっているとも言える。

自然の生き物たちは必要なものだけを得ようとする。自分が食べられないほどの餌を取

ろうとすることはない。

「足るを知る」という言葉があるけれど、今の人たちはその言葉が死語かのように、とにかく「得よう、得よう」で必死に見える。

餓鬼《がき》というのは、必死の形相で食べ物を求めるが、求めれば求めるほど得られない。仏教でいうところの餓鬼道に堕ちた人たちだ。「得したい病」にかかっている人たちは、この餓鬼に近いものがあるように思う。

餓鬼が描かれた絵を見ると、みんな目をかっと見開いている。そう考えると、得ようとして必死な人はみな目を見開いている。麻雀でも、負けが込んで何とか挽回しようと必死になっている人は、みんな瞳孔が開いているよ。

目を開けばたくさん情報が入ってくるという心理が、目にまで現れるのかもしれない。ただし、目を開けばたくさん見えるかと言うと、そうではない。むしろ逆だ。

手のひらを目の前、数センチまで近づけて、目をできるだけ開いてその手を見ようとしてごらん。焦点が合わず霞《かす》んでしまって見えないでしょう。

じゃあ、今度は逆に目を細めて手のひらを見てみよう。すると不思議なことにぼやけていた像がクリアになり、手相までしっかり見えてこないかい？

情報を得ようとして目を開けば開くほど見えなかったものが、逆に目を細めて入ってくる情報を少なくしてやるとクリアに全体が見えるようになる。

その目をさらに細くしてやる。今度は視界が暗くなるだろう。すると今度はそれまで聞こえていなかったわずかな音が聞こえるようになる。ちょっと先で誰かが咳をする音、ドアを開ける音、それから今までまったく意識していなかった換気扇の回る音だとか、遠くで自動車が走る音……。

目を見開いていた時には聞こえていなかった音が、あちこちから聞こえてくるのに驚くはずだ。これは目から入る情報を少なくしたことで、他の感覚からの情報が入りやすくなったからだ。

学問をすべて捨てた真の教養人

捨てるということが大事だということが、少し実感としてわかってもらえただろうか？何でもかんでもたくさん得ればいいというものではない。むしろ「捨てる」ことで別のもの、大事なものが入ってくる。

先ほどの開成トップ君だって、学問に偏り、肥大化した脳と知性のスイッチを切って、感性とか本能のスイッチを入れるようにしなければならない。

いくら頭で放物線の方程式を理解し暗記していても、相手にボールを投げることはできない。体と感覚を使って投げることを覚えて初めてものを投げることができるんだ。

彼は雀鬼会に入って初めて、身体とか感覚の世界の重要性を知ったと思う。そして先ほどの夏の合宿なんかに参加しながら、仲間たちと一緒に海で戯れる中で、前よりは体と感覚を働かせることを覚えつつある。

開成トップ君の変化は他にもある。彼は周りに対して格段に気遣いができるようになった。場を盛り上げるような話をして人を笑わせ、明るく振る舞うようになった。すると、周りも彼といるのが楽しいから一緒に遊ぶことが増える。

彼は周りから必要とされることに喜びを感じ、他者こそが自分に喜びを与えてくれることがわかったのだろう。勉強ばかりしている時には絶対に知り得なかった感覚を、彼は今知りつつある。

雀鬼会には得たものをなかなか捨てられない子たちがいる一方で、見事に捨てることができている子もいる。地方の国立大学を卒業したH君は、卒業とともに就職せずこの雀鬼会の門を叩いた。もう20年も前のことだ。

彼は大学で学んだことがすべてむなしいものだと悟り、せっかく身につけた学問をきれいさっぱり捨てて、この世界に足を踏み込んだんだ。ふつう考えられないだろう?

その彼を見ていると、これこそ「捨てることができる人」なんだとつくづく感心する。

彼が自分のために何かしているという場面を見たことがない。つねに周りの人のため、黙々と働いてくれているんだ。この俺でも、「世の中にはこんな欲の少ない人間がいるものだ」と思ってしまう。

たとえば合宿に行く時も、まず彼は誰よりも先に一人で伊豆の別荘に行って準備をしてくれている。合宿が終わったら最後に残って、部屋をきれいに掃除してくれる。

合宿中、みんなが海に入って楽しんでいる時も、メンバー全員を岩の上から見張っていて、何か危険を察知すると、すぐさまその人のもとへ行って助けている。とにかく、常に雀鬼会の全員のことを見てくれているんだ。

雀荘でピザを取っても、自分は手をつけようとしない。みんなが食べるのを見ていて、全部なくなっても文句を言うわけじゃない。

だから私がルールを決めた。「Hが手を付けるまで全員食べちゃダメだよ」。そうしないとあいつはいつまでたっても食べないのだから。

着ている服だってほぼ変わらない。おそらく自分のために一回も洋服を買っていないんだよ。彼は自分のために何かを買うということがない。

彼は雀鬼会のスタッフとして給料を払って働いてもらっているが、ある時税理士が怪訝な顔で聞いてきた。「Hさん、何かあったんですか？　今月から給料の額が10万円も減っているんですけど」

なんと、彼が雀鬼会全体のことを考えたのか、自ら給料を下げていたんだ。こんな人間が今のこの世の中にいるって信じられるかい？　無欲に生きるというのは難しいけれど、これほど見事に我欲のない人間を見たことがない。そして他人のために生きている人間を見たことがない。

どんなに知識や教養がある教養人だろうと、どんなに学歴や肩書がすごい人物だろうと、H君の足元に及ばない。彼の方が真の教養人であり、本当の品格を持っているからだ。

私が自分の人生でよかったこと、幸せなことを何かあげるとしたら、H君のような素晴らしい人と雀鬼会を通じて出会い、一緒にいることができたということだろう。実はH君の他にも何人も、そんなかけがえのないメンバーがいる。

若い人に自分の何かを伝えようと始めた雀鬼会。その実は、私自身が彼らから勉強し、学ばせてもらっているんだ。今さら陳腐な教養本なんかで、何が学べるかっていうのさ。

2章で伝えたこと

- 学歴が高い人ほど気配りができない。自然な会話もできず、話が続かない。詰め込んだ知識で体が重くなっていて、動きが鈍い
- 専門バカになってはいけない。いわゆるオタクもそうだが、知識や言葉がどんどん偏るため、全体を捉えることができなくなる
- 得ようとすると卑しくなる。得ようとして得られないと不安になる。卑しく不安になると心が揺れやすく、偏ってしまう。そうなると人間は弱くなる

第3章

Chapter 03

疑う力 感じる力 循環させる力

教育で人は救われるか？

先日、雀鬼会のS君が「会長、教育っていったい何ですか?」と聞いてきた。いきなり「なんだ?」と、びっくりするでしょう。でもS君にとっては大問題だったわけ。

というのも、最近、南アフリカに関する番組を見たという。そこで貧しい人たちは教育が行き届いていないから、いつまでも貧困がなくならないという論調にぶつかった。

南アフリカはアパルトヘイトがなくなっても差別は残っている。黒人で働けない人がスラムに集まり、薬物に手を出している。

当国では新薬の開発の時、そんなスラムの人たちが、わずかばかりのお金を得るために、自ら実験台になるそうだ。

薬と実験の内容によっては副作用で死んでしまう人もいる。そんな酷い状況に甘んじなければならないのも、彼らに教育が施されていないからだという。

私は昔から、教育という言葉が嫌いで、とくに教育者と言われる人間たちを毛嫌いしてきた。だからS君はその話を聞いてハタと考えてしまったという。

たしかに教育を受けたら、人々の選択肢が増えて貧困のスパイラルから脱することができるかもしれない。

でもこの問題は差別とそれによって構造化された貧困の問題であって、教育の問題ではないと思う。

たとえ教育を受けたとしても、彼らは救われるのだろうか？　貧困から脱出することができるだろうか？

教育の実態が、自分が上に行きたい、有利な立場になりたいためのパスポートを得るためだとしたら？　つまり、前に話したように、カッコに入るためだとしたら？

カッコの中に入れる人数は限られている。そこに入れない人はずっとそのままだ。カッコに入った人は、これ幸いとばかりに今度は差別する側に回る。そしてこれ以上こちらに来られないようにする。そんな構図が目に見えている。

そもそも教育というシステムは、国家だとか権力が、自分たちにとって都合のいい人間を作り出し、その統治を強固にするために作り出したものだろう。明治時代にできた義務教育制度だって、戦後の教育システムだって基本は一緒だと思う。

教育のヒエラルキーを作り出し、若い人を競わせ、一番優秀な人を国家が優先的に確保する。

その教育の過程で、社会システムに従順な人間を作り上げる。それは教育ではなくて、養殖だ。自分たちに都合のいい人間を作り、それを自分たちに都合よく利用しようというのだから。教育にはそういう側面もあることを忘れちゃいけない。

自分自身のことも疑っている

それが最も如実に現れたのが戦前、戦中の軍国教育でしょう。私なんか生まれたばかりでほとんど記憶にないけれど、私の上の世代はそれで洗脳され、多くの人が国のために若い命を捧げた。

教育と言うと言葉はきれいに聞こえるけれど、その実は汚らしく、嫌らしい人間の欲や性が絡みついている。

権威だとか、地位だとか、肩書なんてものを、そもそも私は信じたり、頼ったりしたことがない。

裏の世界を若い頃から嫌と言うほど見てきたから、権威のある人間、地位のある人間がいかに汚い奴らか、よく知っているということも大きいでしょう。

いわゆる社会一般でよいとされているもの、正しいとされているものに対しても、私は常に疑ってかかる性分だ。いわゆる皆が当たり前だと思っている常識に対しても、疑ってかかる。

だって、この世の中に「絶対」というのはあり得ないでしょう。特に人間が作り出したもの、人間が作り出したシステムや価値観などに、絶対なものがあるはずがない。

私自身、こうして偉そうにしゃべっているようでも、私の考えそれ自体も、実は疑っている。

もちろん、自分の中でこうだという考えは確固としてあるけれど、それが絶対のものと考えているわけではない。

もし私の見方や考え方が違っているのであれば、それは素直に認めて修正していくだけ。

ただ、今のところ、自然に対する見方も、人間に対する見方も、そんなに大きく外れていることはないのかなぁ、と思っているのだけれど。

歴史ほどウソの多いものはない

皆さんの中で、幕末の志士、坂本龍馬を好きだという人は多いでしょう。嫌いだという人はほとんどいないかもしれない。

だけど私から見ると、あんな悪党はいない。彼はたしか、親が金貸しでしょ。それで上士に金を回していたから、下士の身分でもやりたい放題できた。で、ピストルを持っていたよね。これからの時代は武器を仲介して売れば儲かることに気がついた。つまり武器商人ですよ。みんな英雄だと言っているけど、私に言わせればとんでもない。

ところが歴史の中では英雄扱い。明治維新を成功させた功労者だとなる。

私が一番信用していないのが「歴史」です。皆さんは学校で日本史だとか世界史を学んだでしょう。結局、私たちが学ばされている歴史なんて、すべてその時々の政権が自分たちに都合のいいように編纂《へんさん》したもの。つまり「勝者の歴史」です。

歴史の勝者なんていうのは、私に言わせれば大悪党ばかり。自分より弱い者を力で支配し、より多くの物を収奪した人が勝者として君臨する。世の中の動きを機敏に見て取って、何が得になるか素早く察知し、機先を制する。

戦国時代なんてまさにそんな時代だから、織田信長なんて私にとっては大悪党中の大悪党となる。

人の上に立ちたい、他人の物を奪って自分のものにしたい、歴史に名をとどめたい……。ありとあらゆる欲が人一倍でかく、人一倍汚らしくて残酷な奴らが、歴史の教科書に載っていると思っている。

だから誰もが賞賛する明治維新の英雄の中に、私は誰一人いいと思う人物はいない。大久保利通にしたって、西郷隆盛や伊藤博文だってみんな一緒だ。立身出世して、人よりも多くの物を掴み取りたいという欲が、人一倍強い人たちだと思う。

隣の家の物を盗むと窃盗罪で捕まるけれど、隣の国を侵略した奴は英雄だ。一人を殺した奴は殺人罪に問われるけれど、数千人、数万人殺した奴は英雄だ。

歴史というものはそんな不条理なものだし、それに疑問を持たず、そいつらを崇め奉る一般の庶民の方も、お人よしすぎるというか、どうかしていると思う。

成功者の映画は撮りたくない

じゃあ本物の歴史は何かって？　それは大悪党たちの横暴の下で、耐え忍びながら、声も立てずにひたすら生きていた一般の庶民たちの歴史でしょう。それは書き残されることもないし、日の目を浴びることもない。

本当によいもの、正しいもの、善なるものというのは、決して歴史の表に出てくるものじゃない。そういう人たちほど、ひっそりと陰に隠れている。

巷でもてはやされる歴史の英雄たちではなく、一般の人たちのふつうの暮らしの中にこそ真実がある。

ある映画監督は、絶対に成功者の映画は撮りたくないと言っていた。大した心がけでしょう。成功者なんていうのは、その裏に必ず悪が潜んでいることを知っているわけだ。

成功者を描く時、その悪を暴くのであればいいけれど、ほとんどはその人物がいかに努力したか、能力があったかを描くだけ。

人を集める人徳があったって？　しょせんそいつの持っているお金の匂いにつられて集まってきているだけでしょう。けっしてその人物に人徳があったわけじゃないと思う。

松下幸之助だって、本田宗一郎だって、小さな町工場の時はよかったかもしれないけれど、大きくなって一部上場なんてしたあたりで、もう変質しているよね。

大企業になって、多くの社員を抱え、子会社や下請け業者を抱えるようになる。いかに利益を上げ、他社を出し抜くか競争する。資本主義の理屈の中で、できるだけ安い労働力で安く商品を作り、それをできるだけ高く売ることで利ザヤを稼ぐ。

その中で、下の立場の人間ほど搾取され、いじめられる。その結果が利益をたくさん上げる優良企業ということになる。

だから大きい組織、企業だと皆が崇め奉るものほど、私は悪が多く、汚いものだと考えている。

大会社の社長を吹っ飛ばした

いつだったか、ある大企業の社長が取り巻き連中と一緒に、私の道場に来たことがあった。私は肩書で人を判断することはない。たとえ大企業の社長だからといって一目置いたり、へつらったりすることなど一切ない。

むしろそんな奴こそ、その裏に汚い手を隠していると思っている。だからいきなりこう言ってやった。

「あんたが社長さんかい。いったいこれまでどれだけの人を泣かせ、その手で殺してきたんだい?」

だって、下請けに厳しい条件を投げつけて、その人たちを泣かせ続けてきたから、世界の中でも有数の大企業として勝ち残ってきたんでしょう。大勢の社員やスタッフ、関連企業や下請けの中には、仕事を取り上げられて途方にくれたり、自殺してしまった人もいたかもしれない。

成功者や組織の陰には、多くの人たちの血と涙が流れ、そして命さえもが消えていることもあるんだ。大きな組織になるほど、そうでしょう。だからこそ、いきなりそんな不躾な質問をしてやった。

「その通りです。それを考えると、本当に辛い時がありますね」と、その社長さんは率直に認めていたよ。だから、まだマシな人間だったかもしれない。

私は体のさばき方を昔から自然に身につけていたから、力を抜いて自然体で相手に向かい、相手の力を利用して体のある一点を払ってやる。すると、自然に相手は吹っ飛んでしまう。

雀鬼会の麻雀が終わった後、夜中メンバー同士で技をかけあったりして遊んでいる。つまり理屈ではわからない力や作用があるということを体感してもらうんだ。

その技をかけてやったら、社長は2メートルくらい吹っ飛んでしまった。腰が砕けた社長を取り巻きたちが支え、誰もが驚きながらも実に楽しそうな顔をしている。

そりゃそうでしょう、それまで自分たちの社長が誰かにぶん投げられるところなんて見たことがない。何より社長自身が嬉しそうなんだね。

和気あいあいの中でそんなことをして楽しんだけれど、連中にとっては新鮮な体験だったと思うよ。

どんな組織でも、上と下のガチガチの関係ではなく、そうやって遊び楽しみながらつき合えれば、もっとこの世界はよくなるのにと思う。

あなたならお金はいらない

名もない人の中にこそ本物がいる。大きな組織や権威のあるものではなく、力もなくお金もない、そんな人たちの中にこそ本当に素晴らしい人格、学ぶべき人物がいる。

そんな一人として私がすごいと思っている人がいる。千代鶴是秀さん。ノミや鉋などの大工道具を作る名人だ。明治時代のはじめに生まれ、明治・大正・昭和に活躍した職人さんだ。

この人が作ったノミを見たことがあるけれど、本当に格好がいい。隙がないというか、張り詰めた空気感が漂っている。それくらい精魂込めて作ったシロモノだと、見てすぐに伝わってくる。

ある時、是秀さんの一番の力作ができた。一番のものは一番の大工さんに使ってほしい。それでいい仕事をすることで有名な大工さんに使ってほしいと打診した。ところがその大工さんは、お金がないと言う。

普通、一番いいものなら一番高く売りたいでしょう。ところが是秀さんは、「お前さんが使ってくれるならお金なんていらないよ」と言って、その大工さんにタダであげたそうだ。命を吹き込んだものは、命の価値をわかる人に使ってほしいということ。すごい話だと思わないか？

昔の職人さんって本当にすごい人がいたんだ。心のこもった仕事をする人ほどお金がない。お金に縁遠い人たちだ。

　おそらくその大工さんも、気に入った仕事、気に入った人であれば、お金を抜きにして仕事をするような人だったのでしょう。だから、そんなに腕が立つ人なのにお金と縁がない。

　是秀さんもそれをよくわかっているから、お金を請求するような野暮なことはしない。何て素敵な人たちで、素敵な話だろうか。

　それに比べれば今の社会、利益至上主義のビジネス社会なんて薄汚くてつまらない社会だよね。彼らのやっていることは、その大工さんや是秀さんの真逆。粗悪な物を大量に、高く売ってお金を儲けているでしょう。

　大量生産大量消費の時代だから、そういう仕事も必要かもしれない。でも本物のすごみはそこにはない。

　大企業の社長なんて私は屁とも思わないけれど、こういう気骨と筋の通った、凛とした生き方をしている人には自然に頭が下がる。そして共通しているのは、お金とあまり縁がないってことかな。

いずれにしても、教養という言葉を使うとしたら、そういう人たちこそ真の教養人だと思う。

8割は逃がして2割を得る

この人はすごいなとか、ひとかどの人物だなという人は、私の見る限り都会では少ない。地方や田舎に、そういう人がひっそりと暮らしていることが多い。

雀鬼会では、毎年夏になると伊豆に合宿に行くことは話したでしょう。その夏の海でいい出会いがあった。海辺で座っていたら、向こうから「どちらから来られましたか？」と聞いてきた人がいた。

地元の漁師さんで網元だけど、海で遭難する人が多いので、今年から海難救助隊を作ったという。意気投合していろんな話をしたんだ。

海で遭難する場所というのは大体こういう場所に多く、ここの海底の地形や潮の流れはこうですよねと、私が知っていることを話したら、よくご存じですねと驚いていた。

もう30年近くこの海で泳いでいるし、人と違って私は危険だとされるところもどんどん潜っていく。だからよく知っているんだ。それは雀鬼会の若い連中を遊ばせるのに、危険な場所をあらかじめ知っておかなければならないという責任もある。

その湾の海底は、岸から200メートルくらいのところに段差があって壁があり、さらに岸から40メートルくらいのところにも段差がある。

さらに湾は針葉樹が生えている山が絶壁になって海に落ち込んでいるので、それ自体も壁になっている。

大きな魚やサメに狙われたサワラなどの魚が、その攻撃を避けるために、これらの壁を利用する。岩に隠れて擬態し、壁に張り付くことで、大きな魚は勢いよく突っ込んでくることができない。

だからここで網をかけると魚がたくさん取れるはずだ——。そんな話をしたら、「どうしてそんなことまで知っているんですか?」とびっくりしていた。

その人の話で私が感動したのは、網をかけて魚がたくさん取れるけれど、わざと網の目を細工して、ある程度は魚が逃げられるようにしているという話。全部取ってしまったら魚がいなくなってしまうから、網にかかった魚の2割ぐらいを捕獲して、後の8割は逃がしているという。

自然とともに暮らしている人たちだからこその知恵がある。

山菜採りの人たちも、やはり同じようなことを話していた。自然を軸にして生活している人は信頼できる。そんな気持ちが相手にも伝わったのでしょう。向こうも私を全面的に信頼してくれた。

「どうぞ自由に泳いで、魚や貝を獲っても構いませんよ」と言ってくれた。本当は漁場が近くにあるから密漁は厳しく禁じられているのだけど、「何か言われたら私の名前を出してください」とお墨付きをもらった。

もちろんそんなことがあっても、私はその人に頼らず自分で処理をするけれど、有り難いことだよね。

悪い人間ほど表に出ようとする

がめつく魚を獲れるだけ獲ろうというのは、人間の醜い欲がなせる業だ。しかし、いずれそのしっぺ返しが必ず来る。本当に必要な量だけを自然の恵みからいただき、それ以上はお返ししなければならない。

地方の人たち、自然とともに生きている人たちほど自然の恵みに対する感謝と奥ゆかしさを持っているよね。

都会の人間たちは、自然から切り離されたコンクリートジャングルの中で、資本主義、商業主義の理屈の中にどっぷりつかっている。知らず知らずのうちに取れるものだけ取ろうという貪りの気持ちに取りつかれてしまうんだ。

よい人間、美しく生きている人間は基本的に表に出てこようとはしない。先ほどの是秀さんはさすがに有名な職人さんで知られているけれど、本人自体は決して表に出たいという人ではないだろう。

伊豆で出会った漁師さんだって、素晴らしい人物だったけれど決して表に出ようとする人ではない。

よい人間は奥ゆかしく、悪い人間、ずるい奴ほど表に出ようとする。だからこの世の中は放って置けば悪い人間たちが幅を利かせ、悪い社会になっていく。

政治家や経済人、テレビなどのマスメディアにしきりに登場している著名人や知識人なんて、まず嫌な人間、悪い人間がのさばっているでしょう。

そういう意味では私自身も、こうして本を書いて表に出ているから、是秀さんや漁師さんのような奥ゆかしさを持っているとは言い難い。

ただ、そういう奥ゆかしい人たち、陰に隠れている人たちこそ価値があるという気持ちは変わりはしない。そして前に出ている自分を恥ずかしいと思う気持ちも強いんだ。

権力者とは社会に寄生する者のこと

大きなものほど悪がある。その意味では国家なんて、一番の悪だろう。今でこそ民主国家などという言葉があって、主権在民なんてことをまことしやかに言う。

でも、そもそも国家なんて、権力者が勝手にここは自分の領地だと決めつけ、そこで暮らす人たちから租税を取り上げ、自分の懐に入れたのが始まりじゃないの？

農耕が始まって、社会が分業体制になると、次第にその社会を統率する権力者が生まれてくる。各地域の権力者は自分の領地や作物を守るために武力を持ち、次第にその武力で他の地域を併合することで大きくなっていく。

稲作が始まって米を備蓄できるようになったというのも大きい。たくさん備蓄するほど富を持ち、その富を守るために武力を持ったのだと思う。

いずれにしても権力者は租税を取り立て、武力でもって庶民を脅しながら、一方では侵略してくる者から自分たちを守るためだと理屈をつけ、権力と支配を正当化するわけだ。

しかしその実は、自分たちが働かずして多くの者たちから吸い上げ、利益を得るためのシステムを作ったに過ぎない。つまり権力者というのは、本質的に寄生者なんだ。社会の寄生者、寄生虫だ。

権力者にとってみたら、その正体がバレるのは都合が悪い。そこで権力者は何とか自分が立派な存在であるように装う必要がある。そのために、たとえば宗教を利用して神事や祭りごとを大げさに執り行ない、周囲の人間たちに対して虚勢を張る。

あるいは強大な武力を持ち、大きな城を作って権力を誇示するわけだ。国家と言えば聞こえはいいけれど、勝手にこの国の支配者だと言って租税をふっかける。

他国から自国の国民を守ると言えば聞こえはいいが、その実はいざとなれば警察や軍隊などの暴力装置で国民を押さえつける。北朝鮮や中国を見ればよくわかるでしょう。

やたらと外敵の脅威を国民に植え付けて、国家に対する依存心を掻き立てようとする。ナショナリズムが台頭してきているのも、情報や様々なものがグローバルになって、国家の紐帯をより強めなければならないということもあるだろう。

それでも今の時代は民主国家だから、国民が選挙で政治を選べるから封建時代以前よりマシだと言うかもしれない。

しかし、私に言わせれば、民主主義と言ってもまともな政治家がいないから選びようがない。むしろ選挙はおかしな奴ら、おかしな政権が「国民から選ばれました」というエクスキューズを得るための、単なる手続きに堕ちていると思う。その意味では封建時代よりかえって始末が悪いかもしれない。

あんまり馬鹿らしいから、私は最近は選挙など行かない。いろんな意見はあるだろうけど、選ぶに足るまともな候補者がいないのだから仕方がないだろう。

きれいに取り繕う人ほど中身は汚い

一番悪いもの、一番汚いものほど外見はきれいに取り繕っているもの。本当の悪人ほど善人ぶって人に近づき、ダマしたり悪さをする。

おそらく自分の汚さを知っているから、無意識にそれを隠そうとして、何かで飾ろうとするのだろう。

組織や企業だって大きくて、しっかりしているように見せている組織ほど汚い。銀行なんてその最たるシロモノだ。銀行の窓口なんかに行くと、行員たちは皆きっちりとスーツを着ていて、客に対する言葉遣いもバカに丁寧だ。

しかし史上最低の金利で、預金を預けていてもほとんど増えない。一方でＡＴＭの手数料はバカ高い。

企業が融資をしてほしくて仕方がない時ほどお金を貸さないくせに、ちょっと軌道に乗ってもうお金を借りる必要がなくなると、やたらとお金を貸そうとする。

しかも最近はおかしな金融商品を売り出して、お金を持っている高齢者を中心に売りつけていると聞く。金融知識がないことにつけ込み、やたらと売り買いさせて手数料を稼ぐ。肝心の投資商品は一向に上がらないどころか、原本割れして貯金を減らしてしまう高齢者があとを絶たないらしい。

偉そうにしているが、そもそも銀行のお金は我々庶民が預けているお金でしょう。そのくせまるで自分のお金のようにふんぞり返ってお金を動かしている。そして、その陰でどんなあくどいことが行われているか？

たとえば、自分たちのモノにしたいと思った会社があったら、わざと多額の融資をする。それでその会社の取引先の企業を抱き込んで、突然取引をやめさせる。するとその会社は仕事がなくなってしまうので返済不能に陥る。

そうやって担保としていた会社をぶんどってしまう。高利貸しの連中がやることを、あいつらはビジネスとして平気な顔でやるんだ。

だから彼らはやたらと身なりをただし、丁寧な物腰を心がけている。自分たちが汚物にまみれていることを無意識で知っているから。そして笑えることに、彼らは「信用」を重視するという。

「信用」を重視している当のご本人が貸しはがしをし、故意に物件や経営権を取り上げるんだ。どう考えても信用ならん奴らじゃないだろうか。

教養よりも感覚を磨くべき

私自身は当たり前のことを「疑う」ことで、自分なりのものの見方や考え方を身につけてきたという感覚がある。

同時に、自分の中で大切にしてきたのが「感じる力」だ。考えるよりも先に感じることを大事にしてきた。

現代人は頭で考えることを重視するあまり、本能的なものや感性、感覚的なものが衰えている。教養なんて身につける前に、感性、感覚を取り戻した方がずっと人間として豊かに生きることができると思う。

感覚の話になると、私は時に皆さんが理解できないようなことを言うことになると思う。理屈では表現できないことが多々あるのです。ある意味、比ゆ的な表現をせざるを得ない領域に入ってしまう。

皆さん、自分の手を見て、この手の中で「感覚」はどこにあるか、考えたことがあるだろうか？　感覚は運動しない部分、相手に働きかけない部分にあるんだ。

手には、手のひらと手の甲があるよね。手のひらは指が曲がってモノを掴むことができるでしょう。つまり運動する部分であり、相手に働きかける部分でもある。だから手のひらには感覚はない。

いや、感覚がなければモノを掴んだ感触も、力の入れ具合もわからないじゃないかと言うかもしれない。確かにその意味での感覚はあるのだけれど、私の言う感覚とはまた違った意味なのです。

感覚がある部分という意味よりも、感覚の力が発揮される部分と言った方が近いかもしれない。

手のひらでモノを掴む動作は、筋肉が五指の骨を動かしてモノを掴み、手のひらの筋肉が微妙にたわんでモノを包みこむように動く。いわば力学的な部分だ。

私がよくやるのは相手に腕を出させて、私が自分の手でその腕をつかみ倒そうとする。

相手はできるだけそれをさせまいと力を入れる。

私が5分くらいの力で倒そうとすると、相手の腕は倒れないけれど、10の力を入れたら倒れる。

今度は相手に今のことを念頭に置いて、10の力で倒れないように力を入れてみてと言う。するとと相手は10の力に対抗するべく力を入れるから、今度はなかなか倒れない。

これは体の動きと荷重を頭が分析し、相応の力で対応したからだ。いわゆる学習したということ。体の動きや力の入れ具合も、実は頭で考え、それに体が反応することで通常の場合は成り立っている。

スポーツ力学では説明できない現象

ところが今度は相手に同じように力を入れさせながら、力を抜いて、手の甲で軽く相手の腕を払ってみる。いわば0の力だ。すると不思議なことに、あれだけ力を入れていた相手の腕が、何の抵抗もなくガクッと倒れてしまう。

これをやってやると、誰もが「今の動きは、一体どういうこと？」とびっくりする。力をしっかり入れていたはずなのに、簡単にやられてしまうからだ。しかも相手は力づくで倒そうとしているのではなく、軽く払った感じだというのに。

私たちは、手のひらなど力が入る部分で掴まれると、それに対しては無意識に力学的な力で対応しようと反応してしまう。

しかし手の甲のような力の入らない部分、物を掴むことができない部分で払われると、頭と体が混乱し、素早く反応することができない。

動かせない部分、本来は働きかけができない部位ほど、感覚が集まっていて、その力が発揮されるのだ、と私は解釈している。

これはあくまでも私の解釈です。ただし、力学のような科学的な理解の及ばないところでもあり、もはや言葉で説明することは難しい。だから説明ではなく解釈なのであり、多分に比ゆ的な表現しかできないのだ。

もう一つ、不思議ついでで言えば、グー、チョキ、パーという手の形があるでしょう。この中で一番手に力が入るのはどれだろうか？　きっと、手を強く握るグーだと答えるはずだ。次は平手打ちなんかで使うパー。そして最も弱いのがチョキかな。

だが、最も強いのはチョキ、というか一本指だ。試しに自分の膝の上に拳をグーにして置いて、それを動かないように誰かに上から手で押さえてもらうんだ。さあ、力を入れて相手の手を持ち上げてみて。拳がグーだと力を入れても、上から押さえられていて、あなたの手はほとんど動かないでしょう。

これがパーだと少し動かせて、チョキとか一本指だともっと動かせるはずだ。なぜか？　まあこれだって説明することはできるけれど、不思議なものは不思議なままにしておいた方がいいかもしれない。

私たちは体を動かす時に、頭で理解できる動きに捉われすぎている。だからよくスポーツ科学などで、力学的に最もムダのない走り方とか、泳ぎ方をコンピュータなどで解析し、その理論の通りに体を動かすようトレーニングするでしょう。でも私に言わせれば、理屈に偏った体の動かし方で、自然なものだとは思えない。

動物たちが野山を駆け巡り、天敵から逃れるために一目散に逃げ出す。そんな彼らの動きは決して頭で考えて訓練して早くなっているわけではない。自然の中で感覚的、本能的に身につけたものだ。

感覚としての動き、作用、力というものがある。それは一般的な力学とはまた別の世界。先ほどの大会社の社長を吹っ飛ばしたのも、私が雀鬼会のメンバーたちと戯れながらやっているのも、そんな別の世界があることを知ってほしいからなのです。

太陽は何色？　直視してみると……

感覚的な話をすると、一般的にはどんどんわかりにくい領域に入り込んでしまう。でも、今の教養主義の中に、どこか知性偏重のものがあるとしたら、そのアンチテーゼとして、どうしても感覚的な話を避けて通ることはできない。

皆さんは、太陽の色が何色かわかるだろうか？　またまた、何を言い出すかと思うでしょう。子供がお絵描きをするとたいてい黄色か、あるいは赤い色で描く。でも実際、太陽を直視した経験はほとんどないでしょう。目をやられてしまうから、直視してはいけないと言われてきたはずだ。

ところが私は、真夏のギラギラした太陽を、どうしてもこの自分の目の中に感じたいと思ってしまう。

そこで「太陽さん、どうかあなたを体全体で抱きしめさせてください」とお願いする。すると太陽がにっこりとほほ笑んで、「どうぞ」と許してくれるような感覚になる。その上で目を開いて太陽を直視する。すると、不思議にまぶしさを感じず、太陽をしっかりと見ることができる。

太陽の光は、最初は黄色あるいは白色に見える。ところがそれがやがて漆黒になり、最後には深い緑色、エメラルドグリーンになる。ちょっと信じてもらえないかもしれないが、実際に体験したことなんだ。

そして目を周囲の世界に向けると、今度はそこかしこが黄色に輝いて光が溢れているように見える。まるで太陽のエネルギーがそのまま目に宿り、目の中に光が溢れている感じだ。

同時に体のあらゆる感覚がエネルギーに満ち溢れてくるように感じる。太陽の光が目を通じて体の中に入り込み、いろんなものを変化させ、覚醒させるのだと思う。

こんな話をある編集者に話したら、ドイツの文豪で詩人のゲーテという人が、色彩論という本の中で似たようなことを書いていると教えてくれた。ゲーテは『色彩環』を作り出した人でも有名だそうだ。

いわゆる赤、青、黄の三原色を基本にして、様々な色が作り出される。そして赤に対しては青と黄を混ぜた緑、青に対しては黄と赤を混ぜた橙、黄に対しては青と赤を混ぜた紫が「補色」となり、二つの色を並べると色が鮮やかに映えるという効果があるという。

ゲーテはある色を見た時、その反作用として必ず目の中にその補色が呼び覚まされると説いたそうだ。だから私が真っ赤に燃える太陽を見た時、私の目の中で補色であるグリーンが呼び覚まされたのではないかと、その編集者は言った。

その話を聞いて、私も腑に落ちた。それはつまり相反する二つのものを同時に持つということだろう。

たいていの人は相反するものを共存させることなど難しいと考える。でも自然の摂理では、相反するものが共存し、補い合うことで、全体となる。それがエネルギーになり、力になるのだ。

このようなことも理屈で考えていたら、到底理解することは不可能でしょう。感覚、感性で自然に対することでしか、体感できないものだと思う。

勝敗よりも場の流れを作ることが大事

麻雀もまた、頭で考えているだけでは強くはなれない。そこには理屈を超えた流れというものが必ずある。

麻雀は確率のゲームだという人がいる。テンパる時、できるだけ当たり牌が多い方が上がる確率は高い、と。

あとは当たり牌がすでにたくさん出ている場合は、上がれる確率が少なくなり、まだ出ていない牌を当たり牌にする方が、確率が高く上がりやすいと考える。

確率で考えれば確かにそうだが、場の流れを考えた時、あえて両面待ちにせず、不利なペンチャンやカンチャン待ちでリーチをかけることが往々にしてある。するとラスの一枚をすんなりツモったりするのだ。

麻雀は〝流れのゲーム〟だと言っていい。決して確率のゲームではない。その流れを早く読み、その流れに素直に乗れた人が勝つ。だからその流れを止めたり、逆らったりしてはいけない。

雀鬼会の麻雀は、その流れをみんなで作り出すことを大事にする。自分が上がることばかりを考えるのは、最もレベルの低い打ち手ということになる。

その意味で、雀鬼会の麻雀は様々な作法や取り決めがあるけれど、自分の前の捨て牌の「河」にも気を使う。

なぜなら自分の手配は自分の世界だけれど、捨てた河はみんなの目にさらされる公の部分だ。手牌ばかり大事にするのではなく、公の場も大事にしなさいと教えている。むしろ公の場にこそ気をつけなければならない。

捨てる牌だからと言ってぞんざいに扱ってはいけない。たまたま自分には不要の牌だっただけ。だからポンやチーをされたら、「人の役に立つことができた」と喜ぶべきことだと教えている。

ところが、得てして自分の切った牌が泣かれると、「泣かれてしまった」と残念がるわけだけれど、そんなのは論外だ。

自分の切ったものが相手の役に立って、場がそれによって流れ、循環している。そういうことを実感するのが、麻雀の醍醐味なのだ。

自分だけが上がるのではなく、みんなが協力し合って上がりを目指す。それこそが我々が目指している麻雀であり、美しい麻雀なのです。

ところが損得ばかりを考えている現代の人たちは、その発想もなければ感覚もない。そんな世の中だからこそ、流れを感じることができる感性、感覚を磨くことが大事なんだと思う。

あらゆるものが循環し、支え合っている

麻雀は流れを重んじるけれど、同じように自然にも流れがある。自然の摂理が麻雀というゲームの卓の上でも展開するのだと思う。

流れは一方的なものではなく、循環している。海の水は蒸発して雲になり、それが風に流されて陸地や山にぶつかることで雨や雪を降らす。

その水は渓谷を下り、平野に流れ込み大地を潤す。それによって草木や農作物が育つ。そして大河の流れとなって海に注ぐ。

この地球にはこうした水の大循環があるから、あらゆる生き物が生きることができる。

また大気だって樹木や草の緑が二酸化炭素を取り込み、酸素を吐き出す。一方で動物たちはその酸素がなければ生きていけない。酸素を取り込んで二酸化炭素を吐き出し、エネルギーを取り出している。

大気の循環があるから、あらゆる生物が生きながらえることができる。


あるいは食物連鎖もあるよね。草木が太陽エネルギーを光合成によって固定化し、根や葉、実をつける。それを草食動物が食べ、肉食動物が草食動物を食べる。それらの個体が死ぬと微生物によって分解され、草や木、農作物の栄養素となる。

私たちの肉体も、血液が循環しているから命が保たれている。あらゆるものが必要な形で循環し、互いを支えている。それが自然の実相であり、命の実相でしょう。

循環するものは大事だし、それを大切にしなくてはならない。誰かがその流れをせき止め、自分だけ得ようとしたら循環は止まり、結局自分も含めてすべてが死んでしまう。

麻雀の卓にも、そんな自然の摂理が現れる。だから相手を邪魔する麻雀ではなく、相手が必要としているものを投げかける。そして相手の手助けをする。そういう気持ちで麻雀を打つことが大事なのだと思う。思考と行動で実践することが、理にかなっていると考えている。

3章で伝えたこと

- 権力、地位、肩書……世の中で正しいとされるものは、すべて疑ってかかった方がいい。しょせんは人間が作り出したシステムや価値観なのだから
- よい人間、美しく生きている人間は奥ゆかしく、表に出ていこうとしない。悪い人間、ずるい人間ほど表に出ていこうとする
- 自然の世界は食物連鎖や水の流れなど、あらゆるものが循環することで成立している。人間も同じで、自分だけ得するために流れをせき止めてはいけない

第4章

Chapter 04

教養を実践する

ここまで読んでもらった読者の皆さんは、私の教養に対する見方や考え方が、ほぼわかってもらえたのではないかと思う。

基本的には、知識偏重の勉強ではなく、感性や感覚、本能や身体を重視した学びが大切であるということ。そして教養とは、自ら何かを得ようとするためのものではなく、それによって他者を手助けする力をつけるものだということ。

だから、教養は〝机上〟のものではなく、〝実践〟するものだということになる。この章では、そんな実践的な教養について、状況別、テーマ別に話してみたい。

実践的教養1 ――センスを大事にする

教養とは、感性や感覚だと何度も伝えてきました。英語でいうまさに「センス」が大事。

大体、頭でっかちの人ほどセンスがない。

野生の動物はオスがメスに求愛する際、できるだけメスの気を引くように自分を飾って見せるでしょう。人間の場合なら服装だね。どんな服を身につけるか？　どんな配色にするか？　今の流行や常識は？　など様々な要素がある。

そのすべてを理屈じゃなくて感覚、感性で判断する。だから服装のセンスがいいということは大事なんだ。


人間の場合、特に男性は頭でっかちになりすぎる嫌いがある。だから服装のセンス一つにしても、女性より男性は劣ってしまいがちだ。とくに勉強ばかりしてきた男の子なんかは、決定的にセンスに欠けている。

雀鬼会にいる一流大卒の子は、スーツをオーダーメードするなんて生意気なことをするんだが、そこで作ったズボンだと言って見せてくれたものを見てびっくりしたよ。腰回りが、おなかの真ん中あたりまで来ているんだ。ベルトをお腹の上で締めている。

「お前、そんな風に上に上げるように注文したの？」と聞いたら、そうだと言う。ファッション雑誌で見たと言うのだけど、そんな着方をする人なんてどこにいる？

あんまり自信満々だからあえてそれ以上言わなかったけれど、その後本人もおかしいことに気がついたようだ。ちょっと極端な例かもしれないが、センスがないとこんな勘違いもしてしまう。

ちなみにその子は設計士をやっているんだが、完成した設計図を見せてもらったら、トイレがどこにも見当たらない。「トイレはどこ?」と聞いたら、「忘れていました」だって。センスがないにもほどがあるでしょう。

服装だけじゃなく、仕事だって人間関係だってセンスが大事。状況を素早く察知して、機敏に対応する。知識偏重の頭でっかちになると、このセンスが消えてしまう。

「あいつなかなかセンスがあるじゃないか」。周囲にそう言われたら、かなりの褒め言葉だと考えていい。知識を身につける前にセンスを磨く。それが桜井流の実践教養だ。

実践的教養2——違和感を大事にする

私は日常生活の中で「違和感」を覚えることが多い。そしてその「違和感」を大事にしている。

違和感とは、不自然さを感じるということ。どこかに無理があったり、繕ったりごまかそうとすると不自然になり、それが違和感となる。これも感覚であり、センスの一つだ。

麻雀をやると、相手の不自然さがモロに違和感となって表れてくる。

たとえばやたらと肘を張って打っている人がいる。私は張るという行為は、弱さの表れだと考えている。見栄を張る、虚勢を張る、意地を張る……。「張る」と表現されるものに、プラスのものは少ないだろう。いずれも不自然な挙動を表現する時に使う言葉だ。

自分の中に弱さがあり、それを隠したい、強く見せたいという時に、人は肘を張る。

威張っている人を見てごらん。肘を張って胸をそらしているよ。そうやって自分を大きく見せたいんだ。そういう人は実は弱いので、ちょっと揺さぶってやるだけですぐに崩れていく。

肘だけじゃなく、弱さを隠し持つ人ほど力んでいる。それは自分の弱さをどこかで補わなければいけないという気持ちがあるから。麻雀を打ちながら顎を噛みしめていたり、こめかみや眉間に力が入っているのがわかる。

その力みは、またその人それぞれの癖になって表れてくる。ピンチになるとツメを噛む人。チャンスになると唇をなめる人、頭を掻く人。配牌が悪く落ち込むと左右のどちらかの肩が下がって体が斜めになる奴……。

麻雀はよくその人の性格が出るというけれど、私から言わせれば性格というより、その人が持っている弱い部分、病んでいる部分が現れる。だから強い雀士ほど癖がない。自然体でムダな力が入っていない。

そのような相手の癖や動きを感じ取るきっかけが「違和感」だ。「なんか自然じゃないな」「おかしいな、いつもと違うな」と感じ取ること。そのためには自分自身が自然体でなければならない。自分が偏っていたら、正しい判断はできないから。

いずれにしても日常の中で感じるちょっとした違和感を大事にする。そしてなぜその違和感を覚えたのか、自分なりに分析してみることが大事だと思う。

実践的教養3——よく観察する

「違和感」を敏感に感じるために必要不可欠なのが「観察力」だ。日頃から対象を観察していることが大事になる。

よく、旦那のウソを奥さんは見抜くと言われる。それはウソをつく時の旦那の不自然な挙動を「違和感」としてキャッチするからだ。その不自然さを感じるためには、通常の相手の動き、本来の挙動が残像のように残っていなければならない。

つまり、奥さんは旦那のことを日々の暮らしの中でよく観察している。だからウソをつく時の旦那の癖や挙動を覚えているし、いつもと違う不自然な動きをした時に、ピッと違和感のセンサーが働く。

雀鬼会で夏の合宿で伊豆に行く話は何度かしたと思う。海を泳いでいる時、私は砂や岩、海藻などに擬態している生き物をすぐに見分けることができる。「ほら、そこに魚がいるよ」と海の中でメンバーに教えてやるけれど、それでも彼らには見えない。

私は海の中で岩や砂、海藻のちょっとした変化、違和感を感じ取る。するとそこに隠れていた生き物を発見する。

ちょっとわかりにくい表現かもしれないけれど、生き物たちはある種のオーラのようなものを発している。

前に太陽を見つめると、目の中に黄色い光が溢れ、ものが黄色く見えると話したと思う。生物は暗い海の中で黄色い光を放っているように感じる。

これは私一人の主観的な表現で、誰にでも通じるものではないかもしれない。いずれにしても私はそれによって彼らの存在に気づくことができる。

先日、いつも歩いている通りを歩いていたら、一本の木に目がとまった。枝の先端に違和感を覚えてよく見たら、それは葉っぱに包まれるようにして隠れていたウグイスだった。「おう、よくぞ見事に擬態しているね」と心の中でウグイスに話しかけた。おそらくほとんどの人はそれがウグイスだと見分けることはできないでしょう。「よし、おれもまだまだ衰えていないぞ」と、見分けられたことが嬉しかった。自分の力を確認できたと同時に、自然に嫌われていないということを感じて、心強かったからだ。

実践的教養4――遊びの中で自然に身につける

私は合宿中にいろんないたずらをして遊ぶことが多い。その中で、気配を消して遊ぶ、というのがある。

私自身は自分の気配を消すことが得意だ。どんな動物もそうだが、人間にも死角がある。ある範囲のものを認識しづらかったり、できなかったりする。「隙」があるわけ。その隙を利用して自分の存在を消してしまうんだ。

若い頃からそうやって気配を消して近づき、人を驚かせるのが好きだった。私の身長は180㎝以上あるから、ふつうにしていればそれだけで目立ってしまう。ところが気配を消す術を使うと、見事に近くにいても誰にも気づかれない。

言葉で説明するのは難しいけれど、その場全体の空気感というか、流れのようなものがある。それを乱すと存在に気づかれてしまうけれど、それを乱さないようにすれば気づかれることは少ない。呼吸とリズムを合わせて、その場に溶け込んでしまうんだ。


いつだったか、合宿先で雀鬼会の10人余りのメンバーが一室で酒を飲んでいた。参加していなかった私は、ちょっといたずらしてやろうと思った。

「これから飲み会をやっている部屋に気づかれないように潜入するぞ」

ほかのメンバー数人を誘って、忍び込むことにした。私一人だけなら気配を消すことは簡単だが、複数となると難しい。

メンバーに私の指示にしっかり従うように言い聞かせ、ふすまを開ける。すると一人がふすまが開いたことに気づいた。しかしそこには姿はない。私はほふく前進で手前の部屋に敷かれている布団まで進んだ。

後に続くメンバーには、進んでいいぞとか、動くな、と身振り手振りで指示を出す。ちょっとでも空気を乱したら気づかれてしまう。慎重にほふく前進しながら、とうとう全員がすぐ近くまでたどりついてしまった。

嘘のように聞こえるかもしれないけど、私だけでなく雀鬼会のメンバーたちが実際に体験したこと。大の大人の男たちが、誰にも気づかれずに部屋に侵入したのだ。

その距離わずか数十センチ。彼らの脇に置かれた灰皿のすぐ目の前。彼らはタバコの灰を落とすのに、時折こちらの方を振り向くけど、それでも気がつかない。

私もタバコに火をつけてその灰皿を使ったが、まだ気づかない。時々、トイレに立つ奴が私たちの横を通っていくが、気づく素振りもない。

こういうことを誰から学んだわけではない。自然の中で遊んでいるうちに自然と身につけたものだ。先ほどの魚やウグイスのような擬態に近い技かもしれないが、ことほどさように、人間の認識というのはいい加減で、死角が多いということだ。

こんなことをいたずら半分、遊びながら実感する。これも生きた学びの一つだと私は考えている。

実践的教養5——童心＝遊び心を大切にする

私は幼い時から勉強することは好きではなかったけれど、遊ぶことは人一倍好きだった。私が麻雀をやるようになってから身につけた様々なものは、実は子供の時の遊びの中にその原型がある。

ベーゴマとかメンコとか、いわゆる昭和の遊びってやつだね。そんな遊びを通して、勝負すること、勝負どころの勘などを身につけていったと思う。

決して勉強したりだとか、訓練したり修行したりして身につけたものはない。そういうこと自体が私にとっては不自然なことだから。

あくまでも生活の中、とくに遊びを通して体得する。それが子供の時から、現在に至るまでの私の学び方だ。

かつて、麻雀の代打ちを仕事にしていた頃は違ったけれど、今は雀鬼会のこと、取材などの仕事にしても、基本は遊び心を中心に据えてやっているんだ。

「仕事だから」と構えてやっているわけじゃない。構えないからホンネで楽しんでやり取りすることができる。


今の世の中がよくないのは、大人たちが童心を忘れていることだ。教育なんて特にそうだね。親も教育者も自分が子供だった時のことを忘れてしまっている。そして結局、子供を自分たちに都合のいい人間にしようとしているだけの話だ。

私の娘夫婦の子供の育て方を見るとよくわかる。あれをしちゃいけない、これをしたらダメと、禁止ばかりしているよ。

そうやって禁止してしまう方が親としては楽だからね。あるいはすぐに叱りつける。叱って、怖がらせて従わせるのが教育だと思っているんだ。

子供はすっかり縮こまって、自由な発想ができなくなってしまう。今の世の中、変に大人びた子供が多いのはそのためだ。大人の理屈を押しつけられているうちに、子供の方が下手な大人よりも冷めてしまっている。

童心とは遊び心です。子供はズルいところ、悪の部分もあるけれど、同時に遊び心を持っている。だから救われている。大人も同じようにズルいが、子供のような童心がない。だから悪に近づく。

私などは孫の行動を禁止するどころか、海に連れて行って泳ぎを覚えさせたり、魚を突かせたりしている。こちらも童心そのままでね。

私自身が率先して遊んでいるから、孫も安心して遊ぶ。ただし、海の危険は十分知っているから、そこら辺の注意はしている。だから孫なんかは親といるよりも、私と一緒にいる方がずっと楽しそうにしている。

リスクを避け、子供の行動をやたらと禁止する。当の親が怖がっているだけ。そんなのがたくさんいるよ。

やっぱりリスクがあっても一緒に遊んでくれる大人じゃないとダメだと思う。その中で危険を察知し、回避する能力も磨かれる。親に対する信頼も生まれるはずだ。

先回りして何でも禁止する今の教育は、責任も取れないし取りたくない、本当の意気地なしの人間たちの総決算。今の世の中全体がおかしくなるのも当然だと思う。

実践的教養6——リスクを取りにいく

リスクの話が出たから、それについて話をしたい。今の世の中はできるだけリスクを少なく、少なくしようとしている。公園の遊具も危険だからと言って取り外され、砂場だけの殺風景なものになっている。

昔は自然の中でいろんなものを利用して遊んでいた。自然のない都会の環境では、遊具がなければ子供たちが体を使って遊べるものがほとんど何もない、ということになる。

結局、いざ何かあった時、怪我した時の責任を行政も企業も、取りたくないということなのだと思う。

昔も公園で転んですりむき、打撲するくらいの怪我は沢山あっただろうけど、責任を追及する親などいなかった。それくらいのことは親である自分の監督責任だと、言葉にせずとも誰もがわかっていたんだ。

昨今は何かあるとすぐに誰かの責任に擦りつけようとする。他人の責任をとやかく言う人は、つまりは自分ができるだけ責任を負いたくない、取りたくないということだろう。責任を他人に押しつけて自分が楽になることを考えている。

私自身は雀鬼会においては常に責任を負う立場であり、責任をもってリスクを背負う覚悟をしているつもりだ。だから合宿の海でも、自分から先に海の様子を眺め、今日の海の機嫌を伺うんだ。

すると穏やかで、ウェルカムの時もあれば、機嫌が悪く近づいてはいけない日もある。

水平線を見て、岬の先端の波が盛り上がっているような時は危ない。そういう時は横波が強く、一見穏やかに見えても津波のような力で体ごと持って行かれることがある。

雲の様子も確認する。遠くの水平線上に積乱雲の子供のようなものが見えて、その下が暗くなっていると、風向きによってはしばらくすると天気が急変する恐れもある。大体何時くらいまでなら大丈夫だなと見当をつける。

これらのことは誰から学んだわけじゃなく、全部自分が実際の海で学んだものだ。

その上で私は実際に泳いでみる。私より若い奴は沢山いるけれど、自然の様子を読んで、会話ができるのは私しかいない。今日は大丈夫、今日はここまでなら泳いでいいよ、潜っていいよというのを私が決めて皆に伝える。

こうして範囲を決めながら、みんなが泳いだり潜ったり、魚を突いている時も、周囲のことにアンテナを張っている。幸い、雀鬼会の古参メンバーたちが手分けしてそこらへんはチェックしてくれるので助かっている。

そして、自分自身はリスクを負ってさらに深く潜ったり、ちょっと冒険して沖に出たりする。あえて厳しい潮の流れ、波の打ち付ける岩場に近づく。わかっていてあえて飛び込むんだ。

そうやって自然と相まみえるのは一番の楽しみであり喜びだ。しかしひとたび自然が牙を剥けば、われわれ人間の存在などひとたまりもない。そのリスクと脅威の隣り合わせにいるからこそ、自然の力、人間の強さや弱さ、責任やリスクなど、いろんなことが学べるのだと思う。

実践的教養7——不利な状況を楽しむ

そこにリスクがあるということは、言葉を変えれば、不利な状況だということでもある。

ふつうの人たちは不利を嫌がるだろうけど、私はあえて不利な場所、不利な状況を選ぶ。

不利な時にどう対処できるかというのが面白いんだ。

海なんて場所はリスクの塊でしょう。人間にとってこんな不利な場所はない。だって戦ったら100％負けるのだから。それを承知の上であえて海に入る。すると危険な場所だから、毎年のように怪我をする。

懲りればいいのだけどね。やっぱり危険と隣り合わせのところの方が楽しいし、行ってみたくなる。

だから波にさらわれて岩にぶつけられて、また波に弾き飛ばされて別の岩にぶつけられる。生きるか死ぬかの瀬戸際を何回も経験している。道場生にはそういうところにできるだけ行かせないようにしているけどね。

だから雀鬼会で30年も海で遊んでいるのに、怪我をするのはいつも私だけ。若い連中はこれまで一度も怪我らしい怪我をしたことがない。私は彼らの分も自分が被っていると考えて納得している。

それがわかっているから、雀鬼会のメンバーたちは「会長はいつも損ばかりしていますね」と言う。でも痛いのや苦しいものは、自分のところにくればいい。自分であれば何とでも対処し我慢ができるけど、若い子にもし何かあったらそれこそ我慢できるものじゃないからね。

自分はつねに不利でいいし、損な立場で構わないと思っている。それを被るだけの力があれば問題ない。自分のことぐらいはなんとでもできるさ。

本当はあらゆる組織がそうであれば、世の中は何の問題もないと思っている。会社の組織で上司が率先してリスクを被り、不利な立場に立つ気概があれば、部下は喜んでその上司についていくだろう。

ところがおそらくそんな上司やトップはいやしない。まして自分の利益ばかり考え、有利さばかり求めるビジネス社会においては、自ら不利な立場に立って、リスクを被るやつなんていないでしょう。

それどころか下の人間に責任を負わせ、自分は地位を利用して有利な立場にい続ける。昔の日本軍がそうだった。

若い人から前線に送られる。そして地位や立場が上の連中は、国内で彼らをコマのように動かしているだけ。若い命が散った、あの痛ましい特攻作戦だって、決して前線に行くことがない爺さん連中が決めたことだろう。

戦争をしたいのだったら、上にいる奴から前線に行けよ。憲法改正するならそういうルールにしたらいい。

まずは首相が自ら前線に立つ。その後政治家やら官僚やら、会社の社長やら、そういう奴らが行く。そうしたらとたんに戦争なんて起きなくなるだろう。

あえて不利に立ち、リスクを背負うことで、いろんなものが見えてくるし、楽しめる。少なくとも私も雀鬼会で会長と呼ばれている立場であるからには前線に立つよ。そして怪我でも何でも自分が被る。その姿を連中が見ていてくれるから、安心してついてきてくれるのだと思う。

実践的教養8――数を信用しない

今は様々なデータが世の中を動かしている。ビッグ・データなんて言葉があるようだけど、正直私にはよくわからない。ただ、世の中や社会を数字で表し、そのデータで判断する風潮がますます高まっているようだ。

たとえば必要な老後資金は最低で２０００万円だという。政府はいろんな数字や平均値から導き出したと言っているけれど、そもそも収入だとか支出の平均値にどれだけの意味があるのだろうか？

たとえば身長や体重の平均値だったらまだわかる。身長が10㎝の人もいなけりゃ、10メートルの人間もいない。体重の平均だって１００gの奴もいなければ1トンの奴もいないでしょう。

そういう中での平均値ならいざ知らず、収入とか支出なんてお金の額は、あまりにもばらつきが大きい。何億と年収を稼ぐ人もいれば、１００万円以下の年収の人だっている。

それらを一緒くたにして平均を出しても、ほとんど意味がない。

実際、田舎で暮らしている人たちなんてお金をかけずに生活している人もいる。そういう人たちも2000万円なければ老後を暮らせないかといえば、決してそんなことはないはずだ。

このように数字にはウソやごまかしがある。とくに政府や役所が出してくる数字には気をつけなければならないと思う。


数字偏重の傾向は医療の分野でも甚だしいよね。大体私は医者にかかること自体が嫌いだけれど、とくに最近の医者ときたら、何かというとすぐに数字を出してくるでしょう。血圧や血糖値、コレステロール値や尿酸値……。

健康がこのように様々な数字に置き換えられて示される。その数字の上げ下げにみんな一喜一憂するけれど、果たしてその基準が本当なのか？　絶対的なものなのだろうか？

血圧だっていまや上が135を超えたら高血圧だって言われているけど、昔は年齢に

100を足した数までなら大丈夫だと言われていたはず。60歳超えたら135なんてザラにいるし、じゃあその人たちが不健康かといえばそんなことはないと思うけどね。

一説には製薬会社の陰謀だと言う人もいるけれど、まさにそうだとしか思えないくらい、今の高齢者はたくさんの薬を飲まされている。ある内科医に聞いたら、薬の多剤併用大量処方というそうだ。

ところが当の医師さえ、多剤併用の弊害に関して確実なデータや知見を持っていない。つまりよくわからない。

それにしても病院に行くと、今の医者は肝心の患者の方を見ずに、パソコンの方を見て、キーを叩きながら診療しているよね。

パソコンの画面に出ている血液検査の結果なんかを見ながらいろいろと解説するが、患者としては自分を診てもらっている感じがしない。これもやはりデータ偏重主義の弊害でしょう。「こっちをちゃんと向いて診てください」と言いたくなる。

東洋医学の場合は患者の様子や問診を重視するけれど、最近の西洋医学では人間の体の状態が数字に置き換えられ、肝心の生の人間を診るということがなくなってきているように感じる。それで本当に相手の立場に立った医療ができるだろうか？　大いに疑問を持っている。

実践的教養9——固定観念を捨てる

前に「疑う」ことの大切さを話したけれど、それは言葉を変えれば固定観念を捨てるということでもある。

知識偏重は固定概念でがんじがらめになる恐れがある。だから時々自分を様々な観念から解放してやらないといけない。

その一つが自然の中で、自然と遊ぶこと。その中でそれぞれが自分の限界に挑戦したりして、新しい感覚、境地を実感する。するとそれまで自分が限界だと考えていたものが、それ以上だと感じることができる。

自分の限界を区切ってしまうのも、固定観念の一つだろう。自分はここまでしかできない。それ以上のことはできない。私から見ると自分にストップをかけている人間が多い。

それは小さい頃からの悪しき教育が背景にあるからだと思う。子供の時から親や先生に「あれをするな」「これをするな」とストップをかけられて育っていたんじゃないかな。

いつも自分の前の信号は赤信号。本当はとっくの昔に青に変わっているのに、赤だと思い込んでいる。そういう教育の犠牲者は実に多い。


あとは、勝たなきゃいけないとか、得をしなきゃいけないと考えるのも、固定観念の一つと言える。

いい学校を出て、いい会社に就職する。それが自分の人生にとって得になる。有利になる。だけど、私に言わせればそんな人生は真っ平ごめんだ。有利な立場ってそんなに面白いものだろうか?

たとえばいろんなゲームだって、明らかに自分が勝つとわかる勝負は面白くないだろう？　もしかしたら負けるかもしれない。そのギリギリのところが面白い。

道場生たちと夜中に相撲をとる時なんて、あえて体の痛むところを教えて、彼らにそこを攻めて来いよ、と指示を出すんだ。

そのギリギリの勝負の中で、自分の中の本能や眠っていた力が覚醒する。命が燃える瞬間を味わうことができる。それが人生の醍醐味だし、生物としての生きる喜びにつながっていく。

多くの人は有利な場所で生きることが豊かな人生を送れることだと思い込んでいるが、私にとっては逆。

不利から始めること、不利な立場に自分を置くことの方が、はるかに豊かな人生を送ることができる。少なくとも私はそう実感しながらここまで生きてきた。

実践的教養10――思想や宗教にとらわれない

思想や宗教は人の心をかたくなにしてしまう場合がある。それはその思想や宗教が絶対的なものになり、他を認められなくなるからだ。

ドグマとか教条主義とか言われるものだけど、体質的に私には合わない。そこまで行ってしまうと、もはや「偏り」であり、固くて柔らかさがない。自然な人間の感性がそこには希薄だ。

私は戦時中の生まれだけれど、戦後生まれのいわゆる団塊の世代は、左翼系の思想に染まった奴が多かった。

彼らは理想に燃えていたのだろうけれど、結局その運動はセクト同士の血なまぐさい抗争や、内部の粛正など様々な暴力へと堕ちていった。そのなれの果てが連合赤軍のあさま山荘事件でしょう。

自分たちの思想を絶対化することで、都合の悪い他者を排除し、抹殺する。左翼であればマルクス主義だの弁証法だのといった理論を真理とする。右翼であれば神や天皇などの存在を絶対化する。

いずれにしても自分たちの描いた勝手な理想に近づくため、あるいは実現するために過激な行動を起こす。思想はつねに先鋭化し、暴力につながることを心しないといけない。

また宗教も、古今東西、自分たちの神と教義を絶対化し、他の宗教を認めず宗教戦争のようなものが起こっているでしょう。キリスト教徒とイスラム教徒の争い。アラブとイスラエルの確執のような、根の深い争いが連綿として続いている。

私はどんな思想にもかぶれたりしないし、またどんな宗教にも帰依する気持ちはない。いずれもそれにどっぷりとハマることで、自分の中に偏りが生じることが嫌だからだ。

左もいいところがあるだろうし、右にも一理ある。キリスト教のよさもあるし、イスラムのよさ、仏教の参考になる部分もある。いいところを適度にいただいていればいいじゃないか。

私が信じるものがあるとしたら、それは自然であり、自然の力だ。これだけは人間の力などはるかに超越したものだと言える。

思想も宗教も、結局は人間が作り出したものに過ぎないでしょう。そもそも自然の摂理からはみ出している人間が作ったものなど、最初から病気の要素が入り込んでいる。まして理論や教義など、不完全な人間の言語で構築されたものに絶対普遍の真理があるわけがない。

すべては仮想のものであり、人間の妄想や願望、弱さも含めて投影されたものだと思う。教養というと思想や宗教にも通じていなきゃならないなんて考えている人がいたとしたら、こういうものは偏りを生じやすいから、気をつけなきゃねと言いたくなる。これもまあ、私の勝手な考えではあるけれど。

実践的教養11——柔軟性を持つ

強くなりたいからと言って、やたら体を鍛えたり、武道を習ったりしている人がいるけど、かえってそれで弱くなっている人もいる。

たとえば強い材料と言った時、みんな鉄や石のような硬いものを思い浮かべるのではないだろうか？　でも硬いものって、それ以上の強度のものとぶつかったら脆いでしょう。ダイヤモンドなんて硬い鉱物とぶつかったらたちまち壊れてしまう。

私がかつて麻雀の裏プロとして活動し、実戦の経験から学んだ結論、それは「強さとは、変化に対応する力だ」ということ。

麻雀の局面は時々刻々と変わる。場の流れも、運や勢いも自然の風のように瞬間、瞬間で変わっていく。その変化にいち早く気づき、瞬時に対応する力のある人が最後に勝つ。変化に対応できない人は生き残れない。

それは自然界の動植物もそうでしょう。「適者生存」という言葉があるけれど、長い歴史の大きく変動する自然環境の中で、逞しく生き延びるのは変化に対応できた種だけだ。これがいわゆる自然淘汰ということなのだろう。

恐竜は一時期最強の動物で、世界に君臨していた。彼らは強者ではあったけれど大きくなりすぎたんだね。だから気候変動が起きた時に対応できなかった。それまで弱者で陰に隠れて生活していた、ネズミみたいな小さくてすばしっこい動物が生き残り、現在に至っている。

変化に対応する力というのは柔らかさでしょう。つまり本当の強さは「柔らかさ」だということ。思考も行動も、そして性格も柔らかくなければいけない。

ところが勉強し、習うことで、この柔らかさを失ってしまう場合が往々にしてある。先ほど話したように、思想や宗教を学ぶことで、思考の型にはまってしまい、柔らかさを失ってしまう。そして狂信的になり暴力的な行為に及んだりする。

あるいは武道や武術だって、型を習ったり、基本的な動きを身につけるでしょう。フォームは大事で、私なども雀鬼会で麻雀を打つ時の姿勢や、牌をツモったり切ったりする時の動作を教える。

ただし、それだけに捉われてしまうと、今度はそれが「硬さ」につながっていく場合がある。だから武道を習っている人でも、実際に喧嘩になるとストリートファイトの奴に負けちゃったりする。

ストリートファイトはそれこそ、その場その場の状況に応じ、相手の動きに応じて機敏に対応するけれど、武道は決められた場所で決められた技を使うだけだ。動きがどうしても硬くなってしまう。

学生の時は私も結構やんちゃだった。威張っている奴、偉そうにしている奴が嫌いだった。学校の体育関係の教師なんかとくにそうでしょ?

私は彼らの前でワザと悪さをする。先生が怒ってこちらに来るのを待っているんだ。そして体育館の裏など人目のつかないところへ行って、先生をやっつけちゃう。

「先生、言うほど大したことないね。みんなが見ている前じゃなくてよかったね」と言ってやる。柔道何段かの先生だよ。こんなことがザラにあった。

私は武道なんか習っていなかったけど、なぜか昔から体のさばき方を知っていた。そして体はめっぽう柔らかかった。

私は人から習うことが嫌いでどの部活にも属していなかったけれど、柔道をやれば柔道部の人に勝っちゃうし、水泳をやれば水泳部の人に勝ってしまう。

麻雀や喧嘩、スポーツだけじゃない。仕事でも日常の生活、人とのコミュニケーションでも、すべて「柔らかさ」が大事だと思う。学んだり習ったりして、下手に外からの知識や常識、型を取り入れることで、硬くなり、脆く、弱くなってしまう。そういうことを知っておいてほしい。

実践的教養12 ――自分を否定する

不思議なことに雀鬼会でも、できていない人ほど自己評価が高い。いつぞや自己評価させたら「95点です」と答えた奴がいた。誰が見ても赤点以下なのに、そういう人に限って自分が見えていないんだ。

だからそいつの前でわざと、「俺は最近できていないから、2点か3点だよ」と言ってやる。

「会長が2点ですか?」と、ようやく自分の点数が高すぎたことに気づく。それ自体がもうダメなんだけどね。

逆に本当にできる人、人間的にも皆が認めている人ほど、自己評価が低い。「いや、私なんてまだまだです」と、謙遜ではなく、本当にそう思っている。だから日々の心がけが違う。

大体、自分はしっかりやっていますとか、自分の会社はすごいんですとか言う人間は、勘違いしているか、ウソつきかのどちらかだ。

教育だって、私どもの学校は人間教育をしっかりしていて、正しい教育をしています、なんてことを言う教育者がいるけど、こういう奴ほどウソつきだよね。

まず自分をまな板の上にのせてみる。そして自分を否定してかかる。そこから修正することができる。

これもある種の変化に対応する力と言っていい。自己評価が高すぎれば、修正が効かず、変化に対応することもできない。

私も仕事柄、有識者のような人たちに会うことがある。中にはあんまり近づきたくないなと思うような嫌な人物もいる。

その中の一人はボランティア活動を頑張っているという。ところがその奥さんがこっそり教えてくれたが、家事は何一つ手伝ってくれないそうだ。

おかしいでしょう？　目の前の家族を手助けできない人間が、何で社会の手助けをしようというの？

結局、外面だけいいというパターンだけど、こういう人物も自己評価が高いのだろうね。自分は世のため人のためになっているという。

一見美談だけど、その実は汚い。

自分をよく見せるだけじゃなく、それによって自己満足している。こういうケースが往々にしてある。

真に教養のある人物がいるとしたら、それはおそらく自分が絶対だとか、正しいとか思っていない人物だろう。

まだ不完全で至らない自分、その部分がどこであるかをしっかりと認識できている人だと思う。

実践的教養13——悪いことをしたらその3倍いいことをする

私自身もいろんなことを言うけれど、自分が絶対だとか、正しいとは思ってはいない。むしろ脆い部分があって、ごまかしやウソを言うことだってある。

「ああ、またやっちまったな」と思う。そして多少の後悔はあるけれど、後悔しているばかりでは何も始まらない。

ウソをついたらその3倍、いいことを心がけるようにする。一番いいのは隠徳を積むことだ。先ほどのボランティアをやっている人のように、これ見よがしにやるのはむしろマイナスだ。

「自分はこれだけ正しいことをしています」とアピールするためにやる。これは徳を積むというより、むしろ悪行に近い。

誰も見ていないところで公道の掃除をする。誰も知らないところで、誰かの役に立つことをする。誰も知らないということがポイントです。

あるいは相手に嫌な事を言ってしまう場合もあるでしょう。ちょっとイライラしていたり、気に食わなかったり……。

そんな時も、今度はその3倍、相手が喜ぶことを言ってやる、あるいは何か行動をしてあげる。

そうすれば少しずつだけど、自分がよくなっていく。誰でも最初からできる人はいないし、完璧な人間などいません。一歩進んで二歩下がる。それでもそれを繰り返していけば半歩ずつ先に進むでしょう。

そうやっているうちに何が起きるか？

一歩一歩であってもいいことを積み上げていけば、周囲の人が認めてくれるようになる。あの人は自分ばかりのことじゃなく、周りのことも考えてくれる人だという評価が生まれる。

そうなると敵がだんだんいなくなる。誰でも自分が嫌がることよりも、喜ぶことを多く与えてくれる人に好感を持つでしょう。

敵に対してもそうであれば、敵もやがて味方になってくれる。敵を味方にしてしまえば、それこそ無敵じゃないか。雀鬼会でもそういう人物が2、3人いますよ。

人間は弱い生き物だから、どうしても汚くなってしまう場合がある。そんな時、そのたびにそれを取り戻すべくきれいなもの、美しいものを相手に投げかけてあげる。それをコツコツ積み重ねていった人は、やがて無敵の人になっていくんだ。

4章で伝えたこと

- 今の世の中がよくないのは、大人たちが童心を忘れているから。
- 「仕事だから」と構えず、ホンネで楽しんでやり取りしてみたらどうだろう
- ふつうの人たちは不利を嫌がるだろうけど、私はあえて不利な場所、不利な状況を選ぶ。不利な時にどう対処できるかというのが面白いんだ
- 知識や常識、型に捉われることで硬くなり、脆く、弱くなってしまう。仕事でも日常生活、人とのコミュニケーションでも「柔らかさ」が大事だ

第5章

Chapter 05

これからの時代の新しい教養

目の前の人を助けない社会

この原稿を書いている間に、巷では新型コロナウイルスが広がり始め、連日のように感染者が出たという報道で溢れている。

ネットでは心ないデマが流され、マスクはもちろんトイレットペーパーやティッシュペーパーが店頭から姿を消した。それを買い求める客たちの間で喧嘩が起きたり、電車の中で咳をした人が罵倒されたり……。なんとも騒然として嫌な状況になっている。

私に言わせれば、驚くことは何もない。このような事態になって、今の世の中の本質が顕在化しただけだと思っている。ウイルス騒動があろうとなかろうと、もうここのところずっと、どこを向いても嫌なものしか見当たらない。

「欲」と「得」を追求し続ける社会。その中で、誰もが目の前の人を助けることもなく、お互い信頼を築くこともない。孤独と不安の中でただひたすら目先の仕事に追われ、心身をすり減らしている。

街を歩いていても、電車に乗っても、生き生きとした表情、素敵だなという顔の人にぶつからない。誰もが疲れ切って不安そうで、半分病人のように見える。

いつからこんな時代になってしまったんだろう？　昔はもう少しマシだった気がするのだけれど。

そんな中に突如襲いかかってきた新型ウイルスだけど、これこそまさに自然が傲慢な人間を懲らしめるため、あるいは目を覚まさせるために送ったものかもしれない。

温暖化にしても、核の脅威にしても、その他の環境破壊にしても、私たちの社会は本当に曲がり角に来ている。

文明が飽和点に達し、後はどちらに転ぶのか、その瀬戸際に来ているのだと思う。ウイルスの騒動はその一つに過ぎない。

欲得の追求、経済原理ばかりを優先する今の社会を根本から見直すような、新しい知恵が求められているのではないか？　私の考え方や生き方、行動原理は、いわゆる巷で言われている教養とはかけ離れたものだけど、もしかしたら何かのヒントになったりするのかもしれない。

本来は、教養なんて言葉は好きな言葉じゃない。少なくとも私は日頃使わない言葉だ。それでも編集者が投げてきたボールを返そうと思った。今の時代のことを考えて、あえて私なりの考え方をここまでお話ししてきたつもりだ。

私自身は、もうこんな世の中、いつおさらばしても構わないと思っている。いい年をして、これ以上汚いものも見たくないし、残念な世の中をさらに知る必要もないから。それでも、私にはかけがえのない雀鬼会のメンバーたちがいる。そして子供や孫といった大切な家族がいる。

後に続く彼らのためにも、またこの本を読んでくれている読者の皆さんのためにも、もうひと踏ん張りしなきゃならないのかなとも思っているんだ。

「信用」と「信頼」は似て非なるもの

私がなぜこれほどまでに雀鬼会を大切にしているか？　それは強い信頼関係で結ばれているからだ。そういう関係は今の世の中では貴重だと思う。

彼らは少なくとも私が目指しているきれいな麻雀、美しい麻雀に賛同し、一緒にそれに向かっている。できている子、まだまだの子、それぞれだけど向かっている先は一緒だ。

ただし、それだけでは信頼関係は生まれない。本当の信頼関係は生死がかかったような、ギリギリの場所を一緒にくぐり抜けてこそ生まれると思っている。

「信頼」という言葉は「信じて、頼る」と書く。相手を信じて、頼もしいと思うことが信頼だ。似たような言葉に「信用」という言葉がある。「信頼」に比べてあまり好きな言葉じゃない。

こちらは「信じて、用いる」と書く。相手を信じて、自分の用に立てるということ。つまり自分にとって役に立つようにする、利用するというニュアンスがある。

だから銀行などの金融機関は「信用」とか「信用力」という言葉をしきりに使うよね。「あなたは必ず返済してくれると信じて、お金を貸します。そして利子を含めて返してくれれば、それは私たちにとって利益となります」ということだろう。

利益になるから貸すわけで、それが自分の用に立つと考えるから「信用」するわけだ。だからこの言葉には損得が絡んでいる。それゆえ彼らは「信用」という言葉は使うが、決して「信頼」という言葉は使わない。

いずれにしても本当の信頼というのは、損得を超えた世界、生死をかけたところで生まれるもの。

その生死をかけた場所が雀鬼会では夏の合宿での海という大自然だ。前にも話した通り、海ほどきれいで楽しいものはないけれど、これほど危険なものもない。ちょっと油断していたらたちまち命を持って行かれてしまう。

そんな危険な海で何日も一緒に遊び、生活を送る。すると、やがてそこに強い信頼関係が生まれるようになる。

横波に襲われ、死を覚悟した

人にはそれぞれ役割がある。仕事もあるが、それだけではない。仕事は社会的な役割だけど、もっと根本的な人間的な役割、存在意義のようなものがある。

それをまっとうする中で、人間の知恵だとかセンスだとか諸々の力が身につく。またそれを発揮して、役割をまっとうしていく。おそらく、それが私の言う教養というものにつながるのだろう。

毎年海に行くたび、何十人ものメンバーがついてくる。私の役割は何か？　メンバーの中には泳げない子、泳げるけど潜れない子、海が初めての子だっている。

そんな彼らの命は、全責任を負っている私が守らなければいけない。それが私の役目、役割だ。だから私はいつも海に向かって、「彼らの命を取るくらいなら、俺の命を取ってくれ」とお願いしている。

昨年は台風の後で、海底に大きな石がゴロゴロしていた。だから海のためにも、そこで働いている漁師さんのためにも、そして泳がせてもらう私たちの安全のためにも、その石を別な場所に除けることにしたんだ。

ただし、海の中といえども、大きな石を動かすのは大変な作業だ。そんな私の様子を見て、すぐに雀鬼会の泳ぎが達者な連中が集まり、皆で手伝ってくれた。ようやく石をどけたけど、もうへとへと。それでもそうやって厳しい中で協力し合うことで、お互いの信頼は生まれていく。

水の力って本当に恐ろしいほどだよ。台風一過の大波の海底なんて、波の力に押されて大きな岩がゴロゴロと音を立てて転がっているんだ。

あちこちでそんな岩が転がっているし、少し小さなものなんかはポーンポーンと海底を飛び跳ねている。その様子はそれこそ恐怖の光景だ。ぶつかり、巻き込まれたらひとたまりもない。

波の強いある日のこと、これは横波がかなり来ているなと思いながら、どこまで泳げるか私一人でまず確かめに行った。誰もついてくるなよと言いながら、みんながいる場所から一人、岩場の先の方に泳いで行ったんだ。

その時、ドカンとすごい衝撃が来て、7、8メートル体がそのまま持って行かれた。大きな横波が岩にぶつかり、周辺の大きな石を巻き込みながら濁流となって、そのまま海底に叩きつけられた。「しまった」と思った時には、遅かった。気がつくと大きな石が私の足の上に乗っかっているじゃないか。

動かそうとしても動かない。ふつうならパニックになるだろうけど、妙に冷静だった。心の中で、メンバーに絶対にこっちに助けに来るなよと祈った。助けに来たら同じように横波でやられてしまう。近づくなよと腹の中で思っていた。

第二波が来た時、自分の上に乗ってるような大きな石がたくさん飛んできた。それを、上半身を左右に振って何とかよけた。

「いよいよ俺もこれで終わりかな。まぁ、病院で死ぬより、大好きな海で死ねるのなら、それも俺らしくていいや」

実際その場所で何人か亡くなっているのも知っていた。「ほかの連中じゃなくてよかった。この俺でよかった」と心から思った。

その時、横波の第三波が来た。激しい濁流、真っ白な泡が周囲を包んだその瞬間、波の力がその大石をちょっとだけ動かしてくれた。それで素早く足を抜き、ようやくギリギリのところで脱出できた。

道場生を死なせてはいけない

ホワイトアウトって猛吹雪で視界がすべて白くなり、何も見えなくなるんだよね。同じことが波の強い海の中でも起こる。大波が岩にぶつかって濁流となり、細かな泡がまるで白いクリームのように体全体を包むんだ。

するともう何も見えない、ただひたすら白いだけの世界。上も下も方向もすっかりつかめなくなる。

白い色が一番怖い。白っていいイメージがあるかもしれないけど、それは究極の無の世界かもしれない。

ホワイトアウトに対してブラックアウトという言葉もあるよね。真っ暗闇とか漆黒という言葉もある。光が届かず何も見えない状況だけれど、海の中のホワイトアウトに遭遇したら、まだ暗闇の方がマシだと思える。

暗闇はしばらくしたら目が慣れてくる。すると真っ暗な中にもわずかばかりながらも、ものの輪郭が浮かんでくる。

ところがホワイトアウトでは目が慣れるということはない。真っ白というのは一番光に近い色だよね。その光だけに包まれたら、もう人間の目は何一つ対応できないんだ。

その時も、石が外れた後は真っ白な世界。とにかくそこから暗いところに出なければいけない。泳いで行ったらようやく暗闇に出て、メンバーたちがいるところにポンと浮かび上がった。

ただし、そこからが大変だった。メンバーたちも後ろにいたとはいえ横波を被っている。一刻も早くその場から逃げ、海から全員上がらせないといけない。縦波の時を見計らって岩の上にあったロープを持ってきて全員でつかまって助け合えと渡した。

そうして一人ひとり岩場に上げながら、その間にも波で持って行かれた子や、岩に挟まってしまった子もいる。泳ぎの一番達者な子と一緒に一人ずつ助け上げた。

全員無事で助け上げた時には、俺も精魂尽き果てて、その場に座り込んでしまった。ヘトヘトで、もう手も足も動かない状態だ。

自分自身が生死の境を経た後だったけれど、そんなことはすっかり忘れてしまった。この子たちを無事に助けなければならない。自分の命がなくなろうと、この子たちの命を守らなければ。そんな気持ちだけで必死だった。

逆に言えば自分のことだけ考えていたらパニックになり、力が出なかっただろうと思う。自分が危ない時も他のことを考える。だから冷静になれる。

お互いに尊敬し合える関係

口先だけで人の命は大切だとか、信頼が大事だという人は多いでしょう。でも本当に危険が迫った時に、自分を投げ出して動くことができる人がどれくらいいるだろう？　少なくとも雀鬼会のメンバーたちは私の姿を見ていてくれる。だからそこに本当の信頼が生まれるのだと思う。

私だって、そんな極限状態の中、手伝ってくれる人に対して、全幅の信頼を置く。泳ぎの上手い彼がいなければ全員助けられたかどうかわからない。

彼は私に次いで一番の泳ぎ手だから、私がちょっと冒険して沖に行く時には、いつも私の後を追いかけてくる。

「会長が行くところであれば自分も安心して行けるんです」という。それこそ信頼してもらっている証拠でしょう。同時に彼は私に何かあった時、助けなければという使命感のようなものがあるのだと思う。

彼らは私の行動を見ているから、彼らもまたいざとなれば命を張るだろう。私が行けと言わなくても、そんな場面になったら彼らは人を助けるために、きっと損得抜きで飛び込むでしょう。

私は彼らから学ぶことが多い。彼らが私を誇りに思ってくれるように、私もまた彼らを誇りに思っている。

お互いが命を張ったところで信頼を作ることができるとは、これほど有り難く、喜ばしいことがあるだろうか？　だからこそ雀鬼会の若い子たちは私にとってかけがえのないものであり、宝なのです。

サメだって話せばわかるはず

海の中は危険もあるけれど、それに勝る楽しさ、面白さ、学びがある。私は潜っているろんな海の動物たちと出会う。

海の生物の中で一番好きなのがサメだ。あんなカッコいい姿の生き物はいないよね。さすがに海の中で一番強いとされ、古くから生き残っているだけあるよ。

時折、サメに出くわすこともあるけど、私は怖がらずに近寄っていく。下手に怖がって慌てると余計危ない。

雀鬼会でパラオに行った時、あそこはサメがうじゃうじゃいるから、ガイドに「サメが一番出るところに連れて行って」と頼んだ。道場生も一緒に海に飛び込んだけど、おそらく私が飛び込んだから、「会長が行くなら大丈夫」と思うのだろう。私がいなかったら絶対に泳がないと思う。

私はカラのペットボトルを持って行く。そして海の中でそのペットボトルを片手で握りつぶし、ペコペコと音を出す。

するとその音が、大きな魚が何者かに食われて骨が砕ける音に聞こえるのだろう。「俺にも食わせろ！」と殺気立ったサメたちが、数キロ離れたところからものすごい勢いでやってくる。

それを見て、さすがに道場生たちは逃げ出してしまうけれど、私は待っていました！とばかりこちらから飛び込んでいく。ひるんだらナメられる。ナメられたら食われる。

毅然として堂々と、けれども気持ちは友好的に、「あんたたちカッコいいよね。一緒に泳がせてもらっていいかい？」と心の中で話しかける。

すると「いいよ」と言ってくれている感じがする。私は大好きなサメに囲まれて存分に南の海を楽しんだ。


私は擬態している魚を見つけるのが得意だ。とくに高級魚とされている伊勢海老だとかアワビ、ヒラメなどはすぐに見つける。そしてパッと獲って雀鬼会のメンバーに「ほら、すごいのがいたよ」と言って見せてやる。

姿だけ見せてやったら、私は再び潜ってそいつらを誰にも見つけられない岩場の陰に隠すんだ。他の人たちに見つかったら本当に捕獲されて食べられてしまうでしょう。「もう出てきちゃダメだよ」って逃がしてやるわけ。

一方で回遊魚であれば獲っても構わないと思っている。世界中を回遊しているから、多少獲っても影響は少ない。クロダイなんて刺身にしたらとてもうまい。だから自分で追い込んでいって、メンバーに合図してモリで突かせてやるんだ。

昔は自分で突いていたけれど、最近はまるでガイドのようにメンバーを連れて行っては、「ほら、あそこにクロダイがいる」なんて教えて、突かせてやる。

そうまでしても初心者は見分けられない。「岩の上にタコがいるじゃないか」と指さしても、擬態していると最初はわからないものなんだ。

ワカメに擬態している魚もいる。一緒になってユラユラ揺れているからわからない。「あれ魚だよ」というと、みんなびっくりしている。

人間が失った力を取り戻す

人間は、自分たちが霊長類のトップだとか言って威張っているが、実は自然界の動物たちからはものすごく嫌われていることに気がついていない。その証拠に、人間が海に入ると、その瞬間魚たちはサーっと逃げていくでしょう。

魚だけじゃない。陸の上の動物だって同じ。「なんだか嫌な奴がやってきた」ということで、本能的に人間を避けているんだ。

人間同士だって、一緒にいたら不快な人っているでしょう。私などは政治家や経済人、教育者と呼ばれる人種がそれにあたる。表は善人ぶっているけれど、腹の中は真っ黒。金銭欲と権力欲、支配欲にまみれ、腐臭を漂わせている。私にはその匂いがわかるから、それこそ本能的に彼らから身を隠す。

動物たちや魚たちが人間から身を隠すのも同じでしょう。大自然の中で生きている彼らからしたら、私たち人間は異世界の気持ちの悪い匂いを発している存在なんだ。

だから海に入るとそれまでそこかしこで泳いでいた魚たちはいっせいにどこかに隠れてしまう。

魚同士は食うや食われるの世界はあるけれど、決して嫌い合ってはいないよ。だってサメと小魚と一緒に泳いでいたりする。

人間だけだよ、海に入った途端、魚たちがいっせいにどこかに消えてしまうのは。いかに嫌われているかわかるでしょう。

あんまり言うとおかしな人だと思われるかもしれないが、私は魚だけじゃなくて鳥たちともよく会話している。

軒下に来ている雀がチュンチュン鳴いていると、私も真似してチュンチュンと鳴くんだ。「一緒におしゃべりしないかい?」「こっちにおいでよ」とか言ってやると寄ってくる。そして「君は何歳だい?」なんて聞くと「3歳だよ」などと答えてくれる。

私がしゃべっているところを雀鬼会のメンバーたちが見ていたりするけど、その領域には絶対入ってこない。無理やり入ろうとすると鳥はすぐ逃げてしまうから。

それでしばらく私と鳥でチュンチュンやりあって、「ありがとう。また会おうな」と言ってやると、鳥が「バイバイ」って飛んでいく。

こんな光景を雀鬼会の道場生たちは皆見ているから、あぁ、また会長がやっているなって、今では驚きもしないよ。

こういうことって、世間一般の言うところの教養とは違うものだろう。そもそもにわかには信じがたいと思う。

信じられないと思うこと自体が、現代病にすっかりやられてしまっている証拠だと思う。しかし、本来人間は誰もが持っていた能力なんじゃないか?

時代が下って、人間が自然から切り離され、科学技術が発達し、都市化が進んでしまって、その能力をすっかり失ってしまったのかもしれない。

そんな中で、知識や情報などをこれ以上身につけても、どんどん偏った人間になってしまうでしょう。

失ってしまった能力をもう一度取り戻すことこそ、今求められている新しい教養じゃないかと思うけれど、どうなのかな？　自然と会話する力、自然と同化する力、自然を読む力……といったことこそが教養だと私は思う。

原始時代の意識に立ち返る

私はもしかすると時代を間違えて、ずっと昔の時代からタイムスリップして生まれて来たんじゃないかと思うことがある。それくらい今の世の中、社会に違和感を覚えているんだ。

取材に来たある人物が、「会長の話を聞いていると、縄文時代の人を思い浮かべます」と話していた。

縄文時代の人は、自然と会話していたそうだ。農耕が始まるずっと前の時代。だから大きな社会システムはまだなくて、血縁を中心にした集落が自然豊かな川のほとりの高台なんかに作られていた。

国家もなければ大きな組織もない。竪穴式住居に家族で暮らし、山でウサギやシカなどの小動物を獲り、河で魚を獲る。

山菜や木の実を採集し、庭のちょっとした畑で自分たちが食べるだけの若干の野菜や穀物を育てていたという。

まさに自然と一体化した生活であり、自然の中で、自然の恵みによって生きていた人たちだ。

国家がなかったから戦争なんてなかった。多少のいざこざはあったかもしれないが、武器を持って戦うなんてことはなかったようだ。

文明が興る前の時代は、ふつうに自然や動物たちと会話をしていたと思う。でなければ、厳しい環境の中で、生き延びることなどできないだろう。自然もまた、こういう人たちなら自分たちの仲間だと認識していただろうと思う。

私なんかは、おそらくそのもっと前の原始時代——人間がまだ猿だった頃まで感覚が遡る。大地に下りる前、まだ木の上で生活していた時代だね。その感覚が私の中にあると思う。だから今の時代に合うわけがない。

沖縄で出会った素晴らしい詩

その意味で、沖縄に行った時、ある店に貼ってあった一編の詩が目に留まった。たちまち「これだ！」と思った。詠み人知らずの歌なのだけど、いい詩なんだ。いろいろ考えるところがあると思うから、皆さんにぜひ紹介したいと思う。


この世が完全であった時代には、誰も価値ある人間に注意を払うこともなく、能力ある人を敬うこともなかった。

支配者とは気のてっぺんの枝にすぎず、人民は森の鹿のようであった。

彼らは誠実で正しかったが、自分たちが『義務を果たしている』という認識はなかった。

彼らは互いに愛し合い、しかもそれが『隣人愛』だとは知らなかった。

彼らは誰もだますことはなかったが、それでも自分たちが『信頼すべき人間だ』とは認識していなかった。

彼らは頼りになる人間だったが、それが『誠』だとは知らなかった。

彼らは与えたり受け取ったりしながら自由に生きていたが、自分たちが『寛大』だとは知らなかった。

それ故に彼らの行動は語られたことがない。

彼らは歴史を作らなかった。

詠み人知らず

どうだろう？　誰が作った詩かわからないというのがまたいいじゃないか。

言葉や文字がまだなかった時代――いいとか悪いという価値基準も、優れているとか劣っているという価値基準も、正しいとか間違っているという価値基準もない時代のことを言っているんだ。

そこではおかしな自意識もなければ優劣意識もない。誰もが自然のまま相手を尊重している。誠実で善良であり、そして自由だ。そしてそうであるということも認識せず、そうであるということを誇るわけでもない。

この世界はまさに動物たちの世界でしょう。鳥や魚、獣たちの生活とその意識はおそらくこのようなものではないだろうか？


彼らはその意味で「完全」だった。そんな完全であった彼らに比べて、言葉を持ち、文明を築いて以降の人間は、どんどん不完全なものへと堕ちていったんだと思う。

そんな人間の愚かさとは、自分たちが堕ちる原因となったものを一番信奉し、頼りにしていることだ。

すなわち言葉とか文明、そこから生まれた様々な知識や技術こそ、人間の能力の証だと思い込んでいるところだろう。

そんなものを身につけたからこそ、人間は本来の自然の力、動物たちが持っている能力を失ってしまったというのに。

だからと言って、私も含めて現代に生きる人間が、いきなり原始生活に戻ることなど不可能だ。

でも、文明や科学技術を絶対視するのではなく、もう一つの世界、価値があるということを知るだけでも違うと思う。より相対的に、客観的に、今の世の中を見ることができるのではないだろうか？

教えているつもりがむしろ教わっている

先ほどの詠み人知らずの詩を読むと、いかに現代の私たちの社会が歪んでいるか、狭隘《きょうあい》で異常なものかが少しはわかるのではないだろうか？　今の世の中は、すべてがあそこに書かれている世界とは逆でしょう。

一番大きいのは子供たちへの教育だと思う。教育という言葉自体が私は好きではないけれど、他に表現のしようがない。

今の学校教育はテストの成績がいい人間が優秀とされ、偏差値の高い学校に入れば賞賛される。それによっていい企業に勤め、役所など倒産の心配のない場所に就職する。課長より部長、部長より役員が偉いとされ、出世すればそれだけ給与も保証される。

人生のあらゆる局面が、誰かが作った価値基準で測られる。しょせんこの世の中の誰かさんが自分たちに都合のいいように作った基準だろう。そんなもので評価されて一喜一憂する人生なんて、私は真っ平ごめんだ。

雀鬼会の夏の合宿に、私の孫も参加した。海が初めてで、最初は上手に泳ぐことすらできなかった孫が、1週間でなんと今回の合宿で一番大きな魚を突いたんだ。

最初は怖がっていたけれど、私が一緒になって入ると、安心してついてくる。で、魚を突くのは会のメンバーのS君が教えてくれたんだ。魚をこういう風に追い込んで、こういう角度で突くとか。

そしたら1週間後には自分で泳いで、大きな鯛を突くまでに成長した。これには私もびっくりしたね。

S君の指導のおかげだと言ったら、「いや、私はちょっとやり方を教えただけです。むしろあんなに成長するんだと、私が学ばせてもらいました」と言う。

自分が教えてやるというのではなく、自分が相手から学ぶ。それくらいの気持ちがあるからこそ、人は伸びる。

私自身も、雀鬼会で若い連中に自分なりの麻雀を教えたいと思って始めたけれど、今となって振り返ると、自分が教えるよりはるかに多くのものを彼ら道場生から学んでいることに気づくのです。

肝心な時に体を張れない親や教育者

ところが今の教育というのは、親や先生が上に立って、あくまでも上からの目線で教えてやるという気持ちがあるんじゃないだろうか？　親の理屈、学校の理屈を子供たちに押しつけ、自分たちの都合で押さえつける。

そのくせ、いざ本当のギリギリのところになると逃げるでしょう。それでは子供たちは大人を尊敬しないし、素直に学ぶという気持ちにもなれない。

いつだったか、教育者と呼ばれる人とその子供、それに私と娘夫婦と孫たちで川に遊びに行ったことがあった。すると、孫とその教育者の子が川で流されてしまった。

子供が叫ぶ声で私も気がついた。ところがその教育者のすぐ目の前で起こっていることなのに、そいつは呆然と立ち尽くしたまま、助けようともしない。川に足を踏み入れようともしないんだ。

私はあらかじめ彼らより下流で泳いでいて、川の流れなどを読んでいた。溺れるような状態じゃないと思ったから、そのまま自分のところに流れ着くだろうと。そして二人を岸に助け上げたんだが、二人とも恐怖で真っ青になっている。

私は教育上、このままトラウマを抱えさせたらいけないと思った。そこで二人の体が温まった頃に、「よし、じゃあもう一回川で泳ごう」と誘った。それで「私にならって力を抜いて水の流れに身を任せると楽しいよ」って一緒に川に流された。するとと先ほどのパニックはどこへやら、水と戯れることが楽しいということを体で感じ、理解してくれた。

それにしても、世に言う教育者なんてこんなものだと思ったよ。口では立派な教育理論をぶつけれど、いざとなるとからっきしじゃないか。慌てるだけで肝心の体が動かないんだ。本当に教育が必要なのは果たしてどっちかってことだよね。

真の教育とは、生死をかけたギリギリのところでの信頼感があるかないかにかかっている。コンクリートで囲まれた校舎での勉強では、そんなギリギリの場面はまず生まれないでしょう。

大自然の中にリスクを伴って飛び込む。そこで自然と向き合いながら、生きた学びを得る。そして、時に起きるアクシデントやハプニングにとっさに対応し、時に体を張ることができるか？　そして相手を守ることができるか？　それこそが真の教育者であり、教育なのだと思う。

集中力とは意識を広げること

皆さんは「集中力」というと、どういうイメージを持っているだろうか？　一点に気持ちを集中させ、他のことを考えない状態？　私が麻雀の実戦で培った集中力というのは、それとはまったく違うものだ。

一点だけに集中するのではなく、意識が広く全体に行き渡る感じだ。心を穏やかに揺らさず、360度あらゆる方向に自分の意識を広げていく。すると自分の周りのあらゆること、変化に気づくことができる。

麻雀をやりながら、向こうで誰かがトイレに立ったなとか、誰と誰がしゃべっているなとか、後ろで誰かがタバコを探しているなとか。自分の背後の出来事まで気づき、見えてくる。そういう状態が私の言う「集中」だ。

一点に意識が向かうと、それに捉われてしまう。すると周囲で起こっている微妙な変化に気がつくことができない。それでは麻雀に勝つことはできない。

麻雀は1対1ではなく3人との勝負だ。しかも136枚の牌の組み合わせは無限であり、そこから生み出される場の流れ、勝負の綾もまた無限に変化していく。

麻雀をやった人ならわかるが、最初はピンフ手を作るつもりが、配牌の流れによって七対子の手になったり、対々和や本一色や清一色など、目指すべき手が変わっていく。

また、相手の手の速さ、ポンやチーの鳴き、そしてリーチなどで展開が変わっていく。

その時々刻々と変化する状況を素早く察知し、それに対応する力が求められる。

それだけじゃない。相手の打っている様子、姿を見て、その微妙な癖や変化を捉える。違和感という言葉を前に使ったけれど、そんなものも細かく察知しなければいけない。あいつは調子が悪くなったなとか、こいつはテンパイが近いなとか、どんな牌を欲しがっているなとか相手の状況を見る。

それと同時に、相手の性格も見分ける必要がある。こいつは攻めには強いけど守りに入るとめっぽう弱い。こいつは威勢はいいけれど気が小さい。こいつは冷静だけど勝負をかけず守りを固める……。

麻雀では小指の動きが大事になる

「麻雀は気づきのゲームだよ」と常々雀鬼会の道場生に話している。膨大でかつ微妙な変化に対してどれだけ気づくことができるか？

その気づきができるようになるためには、頭を使って考えていては到底対応などできない。自分の中のあらゆる感覚、五感を研ぎ澄ませセンサーを360度に向けなければならない。そして瞬時に判断して、その変化に対応していく。頭ではなく感覚でなければ無理でしょう。

雀鬼会の麻雀は2秒以内にツモって切る。半チャンも15分あれば終わってしまう。ふつうの人から見ると、何も考えず機械のようにツモ切りしているように見えるでしょう。ところがあの速さでやることで、頭ではなく感覚で判断することができるようになる。また、そうでなければできることじゃない。彼らは瞬時の合間に、場の流れを読み、相手の動きを察知し、どんな手を目指し、何を切るべきかを判断する。そしてそのように的確に行動する。

2秒以内にツモって切るからには、体と手の動きも重要だ。ムダな動きが入ったらとても切ることができない。

人差し指と薬指で牌の両端を軽く持ち、中指は軽く牌の上に置く。そして切る際に親指を牌の下の先端に引っかけて、くるりと指の中で一回転させて河に捨てる。

ちなみにその際に重要になるのが小指だ。小指なんて一見何も動いていないように見えるでしょう？　牌を切った後、手と腕を自分の方に戻す際、小指を内側に巻き込む。すると力を入れずして自然に腕が自分の方に戻ってくる。

しかも次の動きに自然に入りやすい状態になる。だから動き全体がムダなく自然な流れになる。一見働いていないように見えるものほど、実は重要だってことです。

このように、ツモって切るまで2秒。そのわずかな時間で、ふつうの麻雀をやる人が10秒、20秒考えても追いつかない膨大な情報量を処理しているんだ。

それができるのは頭ではなく感覚と体で打つから。だから道場生たちはふつうの子たちに比べてはるかに感性が磨かれ、「気づく」人間になっていく。そして体で反応できる人間になっていく。

大会で優勝するより大切なこと

麻雀だけではない、日常生活の中でも彼らは気づき、体を動かして反応することができる。私がタバコを探していると、その様子をすぐに察知してタバコが入っているカバンを持ってきてくれる。トイレに立とうと席を立つと、すぐにトイレだと気がついて出入り口の扉を開けてくれる。

私が会長だから気を遣っているわけではない。彼らはどこでも、誰に対しても気遣いを忘れない。たとえば合宿なんかの時に、昼飯を食べに近くの中華料理店に行った。そこは板さんと奥さんの2人でやっているんだ。

いきなり大勢で行ったから大変だ。すると誰ともいわず道場生たちが店の手伝いをする。もちろん厨房に入るような真似はしないけれど、水を汲んで配り、料理が出てきたらそれを運ぶくらい自分でやる。

よく、自分はお金を払った客なんだから、やってもらうのが当たり前だと言ってふんぞり返っている人がいるね。そんなのは結局、損得勘定だけの嫌な野郎だ。誰かが大変ならば、近くにいる人が助ければいい。そうすれば皆が助かるでしょう。

そしたらそのおかみさんが「昨日も手伝ってくれた人たちがいたんですよ」と言う。聞けば、それもうちの道場生たちだった。

私がいないところでも、彼らはそうやって気づき、体を動かしているんだ。それが習慣になっているわけで、私はとても嬉しかった。

また、雀鬼会で、ある球場を借りたことがある。試合が終わって帰ろうとしていたら、そこの管理責任者の人が来て、「あなた方はどういう団体の方ですか?」と聞かれた。何か問題でも起こしたかなと思ったら、「いやぁ、30年間ここの管理をしてきたけど、こんなに気がついて、しっかりと使ってくれた方たちはいなかったもので」と言う。

この時も本当に嬉しかったね。「いやぁ、こちらこそ」と言いながら、私は道場生の若い子たちが誇らしかった。そして雀鬼会をやってきてよかったとつくづく思った。

雀鬼会の面々が、麻雀の最強戦などで、並み居る強豪たちを抑えて優勝することもしばしばある。だけど麻雀大会で優勝したことなんて、私はそんなに誇りに思ってはいない。どんなに厳しい大会であっても、しょせん麻雀だけの世界じゃないか。運の良し悪し、勝負の綾で、必ずその中の誰かが優勝するだけだ。

そうではなくて、一般の社会の中で、人さまに喜ばれる行いができる。人の役に立つことができる。そんな人間に成長してくれることの方が、私にとっては何十倍、何百倍もの喜びなのだ。

必要なものはすでに与えられている

「気づき」は相手に対する思いやりにつながる。それが相手を支え、助けることにつながる。気づきがなければ、相手が欲しているものを察知し、相手が嫌がることを理解してやることもできない。

私に言わせれば、古今東西の名著を読み込み、あらゆる芸術を見たしたとしても、基本の「気づき」がなければ、そんなものはただの知識のガラクタ、残骸に過ぎない。

そのガラクタを後生大事に抱えて、あたかも宝の山のように見せようとしているのが今の知識人たちだ。

それに騙されて、たいして人生の役にも立たないもの、いや私からしたらむしろ害になるものを、お金を出してかき集めている。それが今の教養信奉者というものじゃないか？ それを持っていると自分が大きくなったような、強くなったような錯覚に陥る。そしてその武器を使って、今の世知辛い世の中で何とか勝ち残っていきたいと考えている。

余計なものを抱えて人生を重くしてしまっていないか？ 重くしてしまう人に、運は巡ってこない。動きが鈍くなり、気づきが遅くなるからだ。抱え込みすぎて新しいものを入れるスペースがないからだ。

私たちの究極の目的はなんだろうか？ 生き生きと生きることで自分の生をまっとうす

ることだろう。

様々なものを体験し、学ぶことで成長する。成長の実感を受け止める喜び。そしてそれによって得たもので自分の役割を果たし、自分が受けた様々な恩をお返しする。相手を尊重し、助け合う中で真の信頼関係を築く——。

これらがまっとうできたとしたら、私たちはそれ以上の何を求める必要があるだろうか？　そしてこれらのことは、私たちがすでに自分自身の中に持っているものだ。私たちも自然の一部。生命力を持ち、自ら成長し、自ら他人と関係を持ち、新たな生命を育んでいく。その能力をはじめから持っている。

必要なものはすでに与えられているはずなのに、それに気がつかず、「自分は足りていない」と不足を嘆く。いつも嘆いてばかりの人がいたら、「いったい君は何になりたいの？」と聞きたくなる。まさか全知全能の神様になりたいんじゃないだろうね。

空を飛んでいる鳥は海を泳ぎたいと言って魚に憧れるだろうか？　水の中を泳いでいる魚は、鳥のように空を飛びたいと言って嘆くだろうか？

鳥は空を飛ぶ天分を与えられ、その力を存分に生かしている。魚は水の中を泳ぐ天分を与えられそれをまっとうしている。だから彼らは不足を嘆くどころか、彼らの持っている全能力、全感覚を働かせ、生き生きと、そして自由に生きているじゃないか。

だから彼らは強い。自然の動物たちは、泣き言を言わない。泣き言を言っているのは人間だけだ。

私は麻雀をしたら、人間にはおそらく誰にも負けないだろう。しかしもし鳥が麻雀を打てたら、魚が麻雀を打てたら、私は負けるかもしれない。もしサメと麻雀を打ったら？まず勝てないだろう。

自然や自然の中の動物たちというのはそれくらい強い。そして人間も自然の一部であり、動物であることを考えれば、本来強い部分を持っているはずだ。

「心の温かさ」こそが真の教養

私がいつも言っている言葉に、「心温かきは万能なり」という言葉がある。いろんなことに気づき、相手を気遣い、相手を助けてあげる。それらに共通するのが「心の温かさ」だろう。愛だとか誠というと何か大層なものに聞こえるけれど、温かいという表現で十分だと思う。

心が温かければ、人間はなんだってできる。あらゆる能力を伸ばし、開花させるのも「温かさ」であれば、人と関係を築き、人と助け合うのも「温かさ」だ。

人間が本当に強くなるのは自分のためじゃなく、人を救いたいとか助けたいと思う時だ。だからそれも「温かさ」につながってくる。

私の理解する真の教養とは何か？　今、求められている教養とは何か？　最初から言っていることは一貫している。

それは自分が身につけたことによって誰かを支え、助けること。その力が教養であり、それが教養の目的だ。

そしてそれは知識や情報ではなく、感性と感覚で身につけるものだということ。感性と感覚は本来動物である人間も持っているのに、知識偏重主義ですっかり働かなくなりつつあるということ。

ウイルスに対抗するための免疫力は、体温が高いほど活性化するそうだ。あらゆるものが温かさの元で活性化する。生命というのは温かさがあるから強く逞しくなるんだ。

人間の感性も感覚も、温かさによってより活発に働くようになる。愛する人、大切な人を守ろうとする温かい気持ちが、あらゆる感性を活性化させ、全細胞が奮い立つ。心拍数が上がり、血流が増大し、瞬時の動きができる。いわゆる火事場のバカ力が発揮されるわけだ。

そう考えると、教養もつまるところ「心の温かさ」が原点だと考えられるでしょう。心が冷たい人間が、どんなに知識を詰め込んだところで、それは真の教養たりえないということです。

逆に、「心温かき」人であれば、そして感性と本能を大事にするのであれば、知識のガラクタを集めなくても、自然とおのずから、必要かつ十分な教養を身につけることができる。自らの体験を通して私はそう信じています。

5章で伝えたこと

自然と会話する力、自然と同化する力、自然を読む力……人間が失ってしまった能力をもう一度取り戻すことこそ、教養ではないだろうか

「気づき」は相手に対する思いやりにつながる。気づきがなければ、相手が欲しているものを察知し、相手が嫌がることを理解してやることもできない

私たち人間は、必要なものは与えられているはずなのに、「自分は足りていない」と不足を嘆いている。ではいったい何がほしいのかよく考えてほしい

おわりに

もういろんなところでお話ししたから、知っている人も多いと思うけど、子供の頃、私は麻雀が大嫌いだった。私の父親が麻雀が大好きで、しょっちゅう麻雀を打っていた。ところが弱かったんだろうね。負けが多くてそのたびにお金を使い、うちの母親はそのたびに泣かされていた。

「麻雀なんてものがあるから、うちは貧乏になってしまうんだ」と、子供心に麻雀を呪ったものだ。

それがおかしなもので、大学生の時に麻雀牌の美しさに魅かれ、麻雀にのめり込んだ。そして気がついたら代打ちなんて因果な仕事をするまでになった。これも何かの因縁だろうか。

今は麻雀に感謝している。どれだけ感謝しても、し足りないくらいだ。麻雀というものがあってくれたから、今の私がある。

麻雀の奥深さや真理に触れ、それを伝えるべく若い雀士たちを集めて雀鬼会を結成した。この年になってまで彼らと一緒に麻雀を打ったり、海に行って遊んだりできるんだよ。今年の8月で77歳。俺も年をとったもんだ。

「会長ほど麻雀に愛されている人はいないと思います」

雀鬼会のある子が私に言った言葉だ。なるほどそうかもしれない。麻雀を愛する人はたくさんいるけど、麻雀から愛される人はそんなに多くない。私は一番愛されたクチなのだろう。

麻雀に愛されたというのは、単に強かったということではない。麻雀を通じて様々な人に出会った。

仕事があるのも麻雀のおかげ。とくに雀鬼会の若い子たちに出会わせてくれたこと。それは私のなによりの喜びであり、誇りであり、財産だ。

「我悪党なり」

私は自分で自分のことを、こう称している。カッコつけて言っているわけじゃない。いろんな意味で私は悪党だ。おそらくいい部分があるとして3割くらい。残りの7割は悪でできている。

勝つことだけを目指した代打ちの時代、現役を引退して雀鬼会で若い子を教えている時代、すべての時代、時代に、それなりの悪がある。だから、少しでも善なるものを取り戻したいとやってきたつもりだ。

私は感性と感覚で生きてきた人間だから、こうして言葉で本を書いてもなかなか素直に通じにくい部分があるだろう。ウソだろうとか、本当かよ、と疑われても構わない。私自身、疑うことは大切だと書いている。

でも、私のような人間からすると、今のこの世の中の方が窮屈で、不条理で、信じられない。

言葉、理論、科学、経済……便利な道具はたくさん作ったけれど、それによって世界の全体性を把握するどころか、かえって複雑にわかりにくくしてしまっているじゃないか。

人間の温もり、情緒や感性から外れた知性は、間違いなく悪へと流れる。人間の際限のない欲望の道具になるからだ。悪は、昔は裏の世界に潜んでいたのに、いまや表こそが悪の舞台になっている。

新型コロナウイルスの渦中、参院選本会議の開会前、どこかの国の首相と副総理がヘラヘラ笑っているのをテレビで見た。こいつらこそ悪じゃなくて何者なのか？

どうやらいよいよ住みにくい世の中になったようだ。どうせ私は遠い昔のどっかの世界から、時代を間違えて生まれてきた異邦人。この世界には未練などこれっぽちもない。もう十分戦ったし、十分生きてきたかな？

ただし、麻雀が与えてくれた私の仲間たちだけはひたすら恋しい。それだけ。

そしたら、どっかから声が聞こえてきた。「会長は有利ではなく、不利に立てと言ったじゃないか」って。

雀鬼会の子たちには常々、「俺の骨は海に撒いてくれ」と言っているけれど、居心地のいい有利な世界に行ってはダメってことかい？

まだまだ、くたばっちまう前にやらなきゃならない役目があるようだ。

令和2年3月　　桜井章一

【著者略歴】

桜井章一（さくらい・しょういち）

1943年東京・下北沢生まれ。大学時代に麻雀を始め、裏プロとしてデビュー。以後、圧倒的な強さで20年間無敗で勝ち続け、「雀鬼」の異名をとる。現役引退後は、「雀鬼流漢道麻雀道場 牌の音」を開き、麻雀を通して人としての道を後進に指導する「雀鬼会」を始める。モデルになった映画や漫画も多く、講演会などでその雀鬼流哲学を語る機会も多い。

著書に『負けない技術』『流れをつかむ技術』『運を支配する』『感情を整える』『群れない生き方』など多数。

「実戦《じっせん》」で身《み》につけた本物《ほんもの》の教養《きょうよう》

2020年5月1日初版発行

発行　株式会社クロスメディア・パブリッシング
発行者　小早川 幸一郎
〒151-0051　東京都渋谷区千駄ヶ谷4-20-3 東栄神宮外苑ビル
http://www.cm-publishing.co.jp
■本の内容に関するお問い合わせ先 …………………… TEL (03)5413-3140／FAX (03)5413-3141

発売　株式会社インプレス
〒101-0051　東京都千代田区神田神保町一丁目105番地
■乱丁本・落丁本などのお問い合わせ先 ……………… TEL (03)6837-5016／FAX (03)6837-5023
service@impress.co.jp
（受付時間　10:00～12:00、13:00～17:00　土日・祝日を除く）
※古書店で購入されたものについてはお取り替えできません

■書店／販売店のご注文窓口
株式会社インプレス　受注センター ………………… TEL (048)449-8040／FAX (048)449-8041
株式会社インプレス　出版営業部 ……………………………………… TEL (03)6837-4635

カバーデザイン　金澤浩二（cmD）
本文デザイン・DTP　鳥越浩太郎
製本　誠製本株式会社
本文構成　本間大樹
カバー撮影　北村泰弘
印刷　株式会社文昇堂／中央精版印刷株式会社
ISBN 978-4-295-40414-9　C2034